女性觉醒

王若妍　著

中国纺织出版社有限公司

内 容 提 要

本书围绕当下女性在工作和生活中所面临的困境，结合相关女性案例，给出切实可行的指导建议，旨在引导女性突破思想、精神上的束缚，实现自我觉醒。

图书在版编目（CIP）数据

女性觉醒 / 王若妍著. -- 北京 : 中国纺织出版社有限公司, 2024. 9. -- ISBN 978-7-5229-2117-4
Ⅰ. B821-49
中国国家版本馆CIP数据核字第20246ZU692号

责任编辑：刘　丹　向连英　　　　责任校对：王蕙莹
责任印制：储志伟

中国纺织出版社有限公司出版发行
地址：北京市朝阳区百子湾东里 A407 号楼　邮政编码：100124
销售电话：010—67004422　传真：010—87155801
http://www.c-textilep.com
中国纺织出版社天猫旗舰店
官方微博 http://weibo.com/2119887771
优奇仕印刷河北有限公司印刷　各地新华书店经销
2024 年 9 月第 1 版第 1 次印刷
开本：710 × 1000　1/16　印张：8
字数：100 千字　定价：46.80 元

在当今社会，越来越多的女性开始意识到，她们不仅仅是家庭的支柱或职场中的一员，更是拥有独立思想和独特价值的个体。

女性觉醒，意味着女性开始从传统的角色束缚中解脱出来，重新审视自我，追求个人成长与社会地位的平等。这一过程是个体的觉醒，也是对社会传统观念的挑战。

从价值角度看，女性觉醒其实是一种深刻的自我认知和自我接纳的过程。长期以来，社会对女性角色的定义难免疏于单一化，不少女性朋友在成长过程中都被教导要做到顺从、谦逊，不要过分张扬自己的个性。这种教育方式使得许多女性在内心深处对自己缺乏认同感和自信心。

随着内心觉醒力量的萌发，女性朋友们开始正视自己的需求和情感，学会接纳自己的不完美，欣赏自己的独特性。她们逐渐明白，真正的自信源于对自我全然的接受，而非对完美的追求。通过这种自我认知的深化，女性可以更好地理解自己，也能更自信地应对生活中的各种挑战。

女性觉醒不只是自我认知的提升，更是一种对自我价值的肯定和追求。觉醒的女性开始质疑社会对她们的固有期望，也不再满足于被动接受既定的角色定义。她们开始主动设定生活和职业目标，追求自己感兴趣的领域，并且勇敢探索和激发自己的潜力。这种自我价值的追求，改变了越来越多女性的个人生活轨迹，也为社会注入了新的活力。

当然了，这些变化的发生并非一朝一夕之功，而是无数女性在日常生活中的不断努力和坚持的结果。她们用实际行动证明，女性的能力是巨大的，女性的潜力更是不应该被低估的，她们有权利追求幸福和成功，有能力在各个领域中独当一面。基于此种考量，本书应运而生。

在创作过程中，本书致力于通过真实的故事和深入的分析，为读者提供一个了解女性觉醒过程的窗口。与其他同类书籍不同的是，本书并非只停留在理论层面，而是通过生动的案例和具体的场景，展现了女性在不同社会角色中的觉醒过程。

书中涵盖了女性生活中的方方面面，不管是原生家庭的影响，还是在职场中面临的挑战；不管是情感关系方面的探索，还是自我价值的实现，本书都做了广泛而深入的探讨。此外，本书还格外强调实用性，为读者朋友们提供了丰富的方法和建议，帮助女性在觉醒的过程中实现自我提升。无论是如何建立自信、如何设定个人界限，还是如何让生活保持平衡和充实，书中都提供了切实可行的指导，旨在激发女性的思考，鼓励她们积极行动，从而在生活中实践自我觉醒的理念。

本书注重多样性和包容性。通过呈现不同背景、年龄和职业的女性故事来展示觉醒的多种形式和路径。相信无论是职场新人、全职妈妈，还是在职业巅峰的女性领导者，都能在书中找到共鸣和启发。

希望这本书能成为女性在觉醒道路上的良师益友，也帮助女性在追求自我价值和幸福的过程中无惧风浪，砥砺前行。

王若妍

2024 年 8 月

目录

第一章

觉醒

看见自己，重启人生

不得不提的原生家庭和童年

薛悦和周莹是好朋友。

薛悦出生在一个充满争吵和暴力的家庭。父亲酗酒，母亲则常常忍受着家暴。每当夜幕降临，家中便会上演一幕幕惊心动魄的争吵和打斗。薛悦总是躲在房间里，瑟瑟发抖，心中充满了恐惧和无助。她渴望逃离这个家，寻找一个温暖和安宁的港湾。

周莹则出生在一个知识分子家庭，父母都是大学教授，家中充满了书香气息。然而，周莹的父母对她的要求极高，她从小就背负着巨大的学业压力。每当考试成绩不佳时，父母便会严厉批评。周莹渴望得到父母的认可和关爱，但却总是遥不可及。

随着时间的推移，薛悦和周莹都步入了成年。薛悦开始意识到，她对异性的恐惧和排斥，很大程度上源于童年的家庭环境。她害怕重蹈母亲的覆辙，因此对爱情和婚姻充满了不信任。而周莹则发现，她在人际交往中总是过于追求完美，很难接受自己的缺点和失败。这种心态让她在感情和事业上屡屡受挫，陷入了自我怀疑和焦虑之中。

原生家庭和童年经历对一个人的成长有着深远的影响。在许多氛围较为传统的家庭中，女孩子从小就被教育要温柔，要顺从，父母将女孩子的性格与牺牲和忍耐联系在一起，将女孩子性格中追求冒险、独立和自由的成分抹杀掉。

随着社会的进步和观念的更新，越来越多的女性朋友开始意识到这种教育方式的局限性，并开始努力寻求改变，重新审视过去的伤痛，疗愈内心的创伤，勇敢地追求自己的梦想和幸福。这正是女性觉醒的力量。

对薛悦和周莹来说，她们的原生家庭和童年经历，无疑给她们的人生带来了浓重的阴影。不过，长大后的她们都深刻认识到了这点，并且开始审视和疗愈内心的创伤，追求自身的独立和自由。

薛悦的觉醒之路充满了挑战。她尝试与家人沟通，虽然表达自己的感受和想法的过程遭遇了无数的阻碍和误解，但她却从未放弃。她开始向外求助，找朋友以及心理咨询师倾诉。这些人为她提供了一个倾诉的平台，帮助她处理内心的恐惧和无助。她还向内培养了一些兴趣爱好，比如阅读、绘画和音乐，这些都成为她寻找内心平静的方式。通过心理咨询和兴趣培养，她逐渐走出了童年的阴影，重新建立了对爱情和婚姻的信心。

而周莹的觉醒则更多地体现在自我接纳和成长上。她开始学会放下对完美的执着，接受自己的不完美和失败，并勇于面对一些小挫折，帮助自己正确认识失败。她从每次失败中学习，并逐渐变得更加坚韧和自信。除此之外，她还尝试了一些新的挑战和机会，拓宽自己的视野和经验，帮助自己更好地理解这个世界。在朋友们的帮助和自己的努力下，周莹逐渐克服了自卑和焦虑，开始勇敢地面对生活的挑战。

薛悦和周莹都意识到了一点：原生家庭和童年的经历并不是决定她们命运的唯一因素。她们有能力去改变自己的生活轨迹，去创造属于自己的幸福。女性觉醒的力量也正在于此——它能让我们认识到自己的价值和潜力，激励我们去追求更加美好的人生。

在女性觉醒的旅程中，原生家庭的影响是一个无法回避的话题。作为我们最初的社会化环境，原生家庭塑造了我们的性格、价值观和行为模式。然而，原生家庭也可能成为伤害我们情感和心理的源头。

认识到原生家庭对自己造成伤害的影响

我们要通过一系列方法，来进行自我反思与觉察。比如，可以通过日记、冥想或与信任的朋友、心理咨询师交流，回顾自己的成长经历，识别出哪些经历或行为让你感到痛苦或不安。在这个过程中，我们要注意自己的情绪反应和思维模式——它们往往是原生家庭影响的体现，如过度自责、恐惧亲密关系等。

同时，我们可以通过阅读心理学方面的书籍、文章或参加相关讲座，了解原生家庭的理论知识，比如依恋理论、家庭系统理论等。通过学习，理解自己的经历并非个例，而是普遍存在的社会现象，这样也有助于减少我们的自责情绪和孤独感。

正视原生家庭造成的伤害

对原生家庭给自己造成的伤害，我们要做的首先是接纳而不是否认。我们要承认并接受过去发生的事情，即使它们是不愉快的。否认只会让伤害潜伏得更深，影响我们的现在和未来。可以通过练习自我同情，比如，可以对自己说："我经历了不应该经历的事情，我有权利感到痛苦。"这样可以保护自己的情感空间，避免再次被伤害。

如果可能，我们还可以与原生家庭成员进行开放而诚实的对话，表达自己的感受和界限。这不是为了指责，而是为了促进理解和成长。我们也可以投入自我提升的活动中，如学习新技能、锻炼身体、培养兴趣爱好，这些都能增强自我价值感和自信心。除此之外，我们还可以通过正念冥想，学会观察而不评判自己的思绪和情感，培养内在的平静与力量。

放下原生家庭对自己造成的伤害

要想放下原生家庭对自己造成的伤害，就要建立健康的支持系统与社交网络。比如，我们可以寻找并维护与那些能够给予我们积极情感支持和理解的人的关系，如亲密的朋友、伴侣或导师。跟他们分享我们的感受和经历，寻求他们的建议和支持，也可以加入兴趣小组或社群，与有相似经历的人建立联系，从中感受到共鸣和理解，逐步放下原生家庭造成的伤害。

如果心理创伤十分严重，我们还可以寻求专业心理咨询与疗愈，比如找经验丰富的心理咨询师或心理治疗师，请他们提供专业的指导和策略，帮助我们更深入地探索和处理原生家庭带来的情感创伤。

在心理咨询的过程中，我们要学会倾听和表达自己的感受，逐渐释放内心的伤痛，并学习新的应对策略和情感管理工具。心理咨询是一个相对安全的方法，我们可以在其中逐渐放下过去的伤痛，重新建立健康的自我认同和人际关系。

大多人的觉醒是从婚姻里来的

露西是典型的现代女性，她独立、聪明，有着自己的职业追求，然而在婚姻中，她却遭遇了许多传统观念的束缚——她的丈夫是一个传统思想较重的男人，认为家务、育儿等琐事都应该是妻子的责任。起初，露西也试图迎合过这种观念，努力扮演好一个贤妻良母的角色。但随着时间的推移，她渐渐感到疲惫。

“为什么总是要我牺牲自己的时间和事业来照顾家庭？”露西越想越生气，“难道婚姻就意味着女性要放弃自我吗？”想到此处，露西忍不住和丈夫争吵起来。这次争吵持续时间很长，露西和丈夫都开始反思自己在婚姻中扮演的角色。

事后，露西决定寻求改变，并主动跟丈夫沟通，表达自己的感受和需求。同时，她也鼓励丈夫分享自己的情感，尝试站在对方的角度思考问题。终于，在露西的努力下，她和丈夫的关系变得更加和谐了。

露西的觉醒不仅仅是对自我价值的认识，更是对婚姻关系中情感需求的重视。在这个快速变化的时代，越来越多的女性开始像露西一样，意识到了自我价值的重要性，她们不仅在职业上追求成功，更在婚姻关系中寻求平等与尊重。她们明白，婚姻不是生活的全部，而是生活的一部分。她们希望在婚姻中得到情感上的满足和支持，同时也愿意为伴侣提供同样的支持。

曾几何时，很多女性在婚姻中都曾面临过类似的困境。比如，女性往往被期望扮演特定的角色——贤妻良母，而她们作为独立个体的存在总是被忽视。这种角色定位不仅限制了女性的个人发展，也剥夺了她们表达自我和追求梦想的权利。在这样的环境下，女性的内心世界常常充满了矛盾和冲突，她们在传统与现代、自我与家庭之间挣扎，努力寻找着属于自己的位置。

然而，尽管女性面临着诸多困境和挑战，但她们并非无助的受害者。现在有越来越多的女性开始意识到自己的价值和力量，她们渴望突破传统的束缚，追求更加自主和多元的生活方式。这种意识的觉醒，是女性走向自由和解放的重要一步，同时也为她们提供了改变现状的动力和勇气。

在现代社会，婚姻不仅仅是爱情的延续或家庭的纽带，更是许多女性觉醒的重要契机。这种觉醒不但涉及对自我价值的重新认识，也包括对生活方式和社会角色的深刻反思。

婚姻让女性的自我价值得以重新定义

在一段婚姻中，许多女性会选择成为全职太太，将生活的重心放在家庭和丈夫身上。然而，这种依赖与付出有时却像一把双刃剑，让女性在享受家庭温暖的同时，也感受到了束缚与压抑。但正是这些不适、痛苦与煎熬，成了女性觉醒的催化剂，促使她们重新审视自身的价值，踏上一条自我成长与解放的道路。

更多的女性开始意识到，婚姻并不是生活的全部，自己也有着独特的价值与追求。她们不再愿意被束缚在传统的家庭角色中，而是渴望拥有自己的事业、兴趣和社交圈。这种觉醒是内心的呼唤，是对自我实现的渴望，也是对更加美好生活的追求。

觉醒的女性开始采取行动来改变自己的生活。她们会努力学习新知识，提升自己的技能，并且寻找适合自己的工作机会。她们也将重新拾起被遗忘的兴趣爱好，丰富自己的精神世界，同时开始建立更广泛的社交网络，与不同的人交流思想，拓宽自己的视野。这些改变让她们逐渐摆脱对丈夫的依赖，找回了独立与自信。

在改变的过程中，女性将重新审视自身的价值。她们会意识到，自己的价值远不止家庭和婚姻，还有个人的成长和追求。当女性重新审视自身价值并努力实现自我时，她们在婚姻中也将更加游刃有余，继而发现一个更加广阔与美好的世界。

婚姻促进了女性对生活方式的深刻反思

作为人生中的一段重要旅程，婚姻不但关乎两个人的情感结合，也关乎两个人后半生生活方式的选择。在婚姻的框架内，女性往往承担着妻子、母亲等多重角色，这些角色会让女性的个人时间与空间遭受严重挤压。不过，这种不满也将成为女性觉醒的起点，她们开始反思自己的生活状态，质疑现有的生活方式是否真的符合自己的内心需求和价值观。

她们将意识到，婚姻并不应该成为束缚自己发展的枷锁，而应该成为与丈夫共同成长的平台。觉醒后的女性开始积极采取行动，比如选择与丈夫进行深入沟通，共同协商分配家庭责任，以争取更多的个人时间和空间等。这些改变都将让女性重新找回自我，并且在婚姻中获得更多的尊重。

女性在婚姻中得以重新定位角色

婚姻为女性带来了角色的深刻转变。女性朋友们会从之前的女儿角色，逐渐过渡到妻子、母亲等多重角色，角色的重新定位，意味着女性朋友需要承担相应的责任，同时也意味着她们有机会重新审视自己的过去和未来，迎接前所未有的改变。

在婚姻生活中，女性可能会发现自己为家庭和孩子付出了大量的时间和精力，却忽视了自我成长和追求。她们可能会感到自己的需求被忽视，声音被淹没，甚至在某些时候，她们会觉得失去了自我。这种不满逐渐累积，成了一种内心的煎熬。

不过，这份不满却能够成为女性觉醒的起点。她们将不再愿意被束缚在传统的家庭角色中，而是渴望拥有自己的事业、兴趣和社交圈。这种觉醒是内心的呼唤，是对自我实现的渴望，也是对更美好生活的追求。

在现代社会中，女性的觉醒已经成为一种必然的趋势。越来越多的女性开始意识到自己在婚姻中的价值和地位，她们不再甘愿扮演传统的角色，而是勇敢地追求自己的梦想和幸福。在这个过程中，婚姻虽然可能是一个触发点，但它也可以成为一个新的起点，让女性在爱与被爱中找到真正的自我。

带着三个问题让自己及早醒来

珊迪是典型的都市女性，她每日忙于工作、家庭和社交，生活看似充实，但她总感觉内心有一种说不出的空虚和迷茫。

在一次朋友聚会上，她听到一位朋友分享自己的生活理念和追求。朋友告诉她，尝试放慢脚步，反而会让她充实起来。珊迪决定听从朋友的劝告，多给自己一些时间和空间去思考。果然，她发现自己其实渴望一种更加平衡和充实的生活，她不止希望自己能在职场上取得成就，更希望自己能在个人成长、家庭关系和社交生活中找到真正的满足。

带着对生活的反思，珊迪决定行动，她开始制订计划，设定目标，并逐步实施。她减少了许多不必要的社交活动，将更多的时间投入自我提升和家庭生活中。她也开始尝试学习新的技能，探索自己的更多可能性。

一段时间后，珊迪发现自己的生活质量有了显著的提升，内心的幸福感也增强了。

许多女性都面临着同珊迪相似的困惑和挑战，她们在追求事业成功的同时，往往忽视了对自己内心世界的探索和关注。其实，这是女性在社会期望与个人选择之间挣扎的缩影，为了深入理解这一现象，我们需要探讨导致女性感到困惑和压力的深层原因——社会期望与个人选择的冲突。

社会对女性的期望往往与她们的个人选择相冲突。珊迪在职场上的成功，让她成为别人眼中的榜样，但这也意味着她必须牺牲自己的个人时间和兴趣。这种冲突体现在职业发展上，也体现在家庭角色和社会角色上。从男性角度看，他们普遍期望女性在家庭中承担更多的照顾责任，但是，男性的这种期望往往与女性的职业发展和个人成长相冲突，因为女性在社会上需要承担多重角色的压力。

从女性角度看，女性不但要成为职业女性，也要成为女儿、妻子和母亲。当女性在家庭和职场中扮演多重角色时，她们往往会感受到压力，因为要平衡两者间的关系——在职场中，她需要展现出专业和高效的一面，而在家庭中，她又需要扮演温柔和体贴的角色。这种角色的转换和平衡对许多女性来说无疑是一项巨大的挑战。

在多重角色的压力下，很多女性不免会逐渐迷失自我，忘记自己的真实需求和愿望，甚至会怀疑自己的价值和能力，这种自我认同的迷失不仅会影响女性的心理健康，也会影响她们的生活质量。

此外，在面对多重角色的挑战时，女性往往缺乏足够的社会支持。家庭成员、朋友和同事的理解和支持对她们来说至关重要，但现实中，她们往往感到孤立无援。这种缺乏支持的环境进一步加剧了她们的压力和困惑。而以下三个问题则可以帮助女性摆脱困惑，从不如意的生活中醒过来。

我的生活到底怎么了

这个问题看似简单，却需要深入自我剖析。很多时候，我们被生活的惯性推着前行，忽略了自身的真实感受。问问自己，生活中是否有让你感到不满、压抑或迷茫的事情？是否有一些长期未能解决的问题在困扰你？这些问题的答案往往藏在日常的细节中，从职业上的不如意到家庭关系的紧张，都可能是信号。

比如，某位女性在面对职场的压力时总觉得力不从心。通过深入思考，她意识到自己并不喜欢目前的工作，而只是因为“这份工作看起来稳定”才一直坚持。这个觉醒让她开始重新思考自己的职业方向，并逐渐走上了自己真正感兴趣的道路。所以，女性需要审视自己的生活，了解自己当前的处境。这包括：

识别压力源：明确哪些因素让自己感到压力和痛苦。

反思自我：思考自己在家庭、职场和个人生活中的角色和期望。

通过反思和探索，女性能够逐渐认识到自己的内心需求和生活目标，并且发觉真正的幸福不止来自外在的成就，更来自内心的满足。

我想过什么样的生活

女性要明确，自己想要的生活应当是一种自我肯定的生活。在社会和家庭的期望中，女性常常被教导追求“理想”的生活标准，却很少问自己真正想要什么。所以，女性需要经常问问自己，看看自己内心渴望的究竟是什么：是事业上的成就，还是平静的家庭生活？是追求自由与冒险，还是享受稳定与安全？

在这个过程中，女性尤其需要摆脱传统观念的束缚，敢于为自己的幸福和梦想奋斗。比如，某位女性经历了多年全职家庭主妇的生活后，开始感到生活的单调和空虚。她逐渐意识到，自己渴望更多的社交互动和个人成就感，于是决定重返职场，追求自己的职业梦想。总之，女性需要明确自己想要的生活是什么样的，具体包括：

设定目标：确定自己在职业、家庭和个人生活中的目标。

追求平衡：寻找一种平衡，使自己能够在多重角色中找到满足感和幸福感。

通过设定具体的目标和计划，女性可以为自己的生活明确方向和动力，并且学会如何平衡工作和生活，如何在忙碌中找到属于自己的时间和空间。

我能为我的人生做点什么

意识到生活中的问题和自己的渴望后，接下来就是行动。这个问题的核心在于主动，而不是被动等待改变。改变并不一定是巨大的转变，它可以从一些小事开始，比如培养一个新的兴趣爱好，学习一项新技能，或是改善与家人和朋友的关系。

在行动的过程中，女性应该勇于承担起塑造自己生活的责任，而不是等待外界的改变。比如，某位女性在长期的婚姻中感到被忽视，于是她开始通过阅读和参加社区活动丰富自己的生活，并逐渐找回自信和生活的乐趣。这不仅可以改善她的生活质量，也能让她在婚姻中找到新的平衡点。所以，女性需要采取行动，为自己的生活做出改变，具体包括：

制订计划：制订具体的行动计划，以实现自己的目标。

寻求支持：寻找家人、朋友或专业人士的支持和帮助。

女性的觉醒不仅仅停留在思考层面，通过实际行动，可以逐步改变自己的生活状态。学会如何有效地管理时间，如何与家人建立更深层次的联系，如何在个人成长和社交生活中找到真正的满足。

通过这三个问题，女性可以更好地认识自己，明确自己的生活目标和价值追求，从而在个人成长、家庭和社会进步中发挥更大的作用和影响力。

愿每位女性都能够更早地发现生活中的问题和机会，为自己创造一个更加满足和幸福的未来。

看见真正的自己

H是一位新晋的设计师，受邀参加一场知名时装机构的年终晚宴，这对她来说既是一次展示专业能力的机会，也是一个考验个人风格的时刻。在筹备晚宴装扮时，她面临着随大流还是坚守自我的抉择。

起初，H想过要穿一件传统的晚礼服，融入晚宴的氛围，迎合大多数人的审美。然而，当她站在镜子前，看着那些各式各样的裙子时，内心却涌起了一股莫名的抗拒。她实在不想穿裙子，这不仅仅是基于舒适度的考量，更多的是因为她觉得那样的装扮并不能真正代表自己。

在三番五次的挣扎后，H决定遵从内心的声音。她选择了一套既符合个人风格又不失时尚感的装扮，无袖大V领上衣搭配高腰阔腿裤，金色的拉链如同流动的音符，为整套红色系服装增添了灵动与不羁。这样的选择，无疑是对常规晚宴着装规范的一次挑战，但她已经做好了面对一切评价的准备。

步入晚宴现场，H的装扮立刻引起了关注。有人赞赏她的勇气与创新，认为她成功打破了传统束缚；也有人对她的装扮表示不解，甚至质疑她的选择。然而，面对这些纷至沓来的声音，H却感到前所未有的自在和释然。她知道，自己终于做到了遵从内心，展现了最真实的自我。

事后，当朋友问及有何收获时，H笑得坦然而自信："最大的收获，就是我学会了遵从内心的声音。即使面对外界的压力和期待，我也勇敢地选择了不做自己不想做的事。我穿上了这套我最想穿的衣服，感觉无比自在和真实。我记得，那晚的每一个眼神交流，都让我更加确信，真实的力量远比任何刻意营造的形象更加动人。"

H的故事，是关于如何在众声喧哗中坚守自我，勇于展现内在真实光

芒的启示。她用自己的经历告诉我们，真正的个性与魅力，源于对自我深刻的理解与无畏的展现。即使面对外界的压力和期待，我们也要勇敢地遵从内心的声音，做真正的自己。

一件小事，却可以看到不一样的人生态度，同样是女人，为什么有些人能够活得如此潇洒呢？因为，她知道自己是谁。

每个人的人生都只有一次，如果，你不能活出自己的模样，如果，你让别人的想法取代了自己的梦想，那么，你到底是谁呢？不知道你是否有这种感觉，人生的路走得越久，越会有一种失落感，好像拥有的越多，人反而越无所适从。

银行里的存款一天天在增加，人生的阅历一天比一天丰富，所有该得到的东西都在按部就班地向我们走来，生活似乎正朝着当初规划好的方向策马狂奔，可唯独预期的那种幸福感与满足感爽了约。于是不禁感叹，怎么越长大人越不安，心越寂寞呢！

如果你的心里也有这样的迷茫，那么不妨停下脚步，花点时间去问自己一个简单的问题：我到底是谁？

这个问题看起来简单又无厘头，你可能在一分钟之内给出好几个答案——我是某某某，我是作家，我是某人的女儿，我是某人的妻子，是某人的母亲……但是，一个人的社会角色并不能完全代替他本身，我们都应该有那么一个时间，不是别人的谁，不是职场里的一类人，而是单纯的我们自己。

人类是群居的动物，所以每个人都需要被关注、被关爱，需要得到社会认可，这种需求已经在我们的血液里根深蒂固，女性更是如此。因此，为了成为一个合格的女性，我们从出生起就在接受社会教给我们的各种规则和观念，却很少关注自己最真实的那一面。可是，看见真正的自己并非一蹴而就的过程，而是一场深刻的内在探索之旅。下面，我们可以用一些方法，逐步揭开内心的迷雾，遇见那个最本真、最独特的自我。

倾听内心声音

我们要学会静下心来倾听内心的声音。这可能需要一些练习，但随着时间的推移，我们会越来越清晰地感受到自己内心的指引。比如，我们可以定期花时间独处，进行深度自我反思。问问自己，哪些行为、想法是真正出于内心的呼唤，而非外界压力的产物？快乐、悲伤、愤怒背后，隐藏着哪些真实的需求和渴望？

在这个过程中，我们可以养成写日记的习惯，无论是心情、日常琐事，还是深刻的思考，都是了解自我的宝贵素材。回看过去的记录，我们会发现自己的成长轨迹和内心的微妙变化。也可以尝试新事物，勇敢地走出舒适区，尝试不同的活动、工作或兴趣爱好。在这个过程中，我们可能会发现未知的潜能和真正的兴趣所在，这些都是构成我们独特个性的重要部分。

进行自我反思

我们要认识到每个人都有优点和缺点，包括我们自己。学会进行自我反思，是看见真实自我的重要一步。当我们学会进行自我反思，就能更加全面地了解自己的内心世界，从而更好地看见真正的自己。

自我反思不止要求我们回顾自己的行为，还要求我们能够随时审视自己的思想和情感。我们可以每周或每月设定一个固定的时间段，专门用来进行自我反思。同时我们要确保这段时间是相对安静，且没有外界干扰的，这样也能让自己完全沉浸在反思的过程中。比如，我们可以写日记、写博客、录音或者与亲密的朋友和家人进行深入交谈。这些工具可以帮助我们记录和整理自己的思考和感受。

在反思过程中，尽量保持一个非评判性的态度。不要过于苛责自己，而是尝试理解自己为什么会做出某些选择或行为。比如，我们可以反思自己的行为和思想，看看是否存在一些影响我们提升自己的行为，有则改之，无则加勉。

此外，我们可以建立真诚的人际关系，与那些能够让我们感到自在、无须伪装的朋友和家人相处。他们的反馈和支持，可以帮助我们更好地认识自己，同时也为我们提供一个展示真实自我的安全空间。

我们还可以基于自己的兴趣和价值观设定目标，而不是盲目追求社会或他人的期望。实现这些目标的过程，就是深化自我认知、活出真我的旅程。无论是知识技能的提升还是心灵的成长，都应当视为一场终身的修行。通过不断学习和自我提升，我们会发现更多关于自己的惊喜。

从被动到主动，人生蜕变的开始

大学毕业两年后，小药和一个富二代同学步入了婚姻的殿堂，从此过上了“少奶奶”的生活。小药的老公是个上进的富二代，在家族企业中担任职位，平时总是比较忙，陪小药的时间很少。渐渐地，两人之间的矛盾越来越多，直到有一天，两个人发生了一次激烈的争吵。

起因是老公因为搞不定一个大客户而被下属说闲话，心里郁闷。回到家，小药想要老公休息一个礼拜陪自己去澳大利亚看朋友。小药的要求让老公很不耐烦，于是两人开始拌嘴，到后来演变成大声吵架。小药又生气又委屈，让老公滚出去，老公一气之下脱口而出：“这里是我家，房子是我买的，该滚的是你！”

听到这句话，小药惊呆了。她人生中第一次意识到，自己是一个不能自主的人。虽然老公意识到问题后立即向小药道了歉，小药也原谅了老公，但那晚她还是失眠了，一夜没睡的小药做出了一个重要决定，她要拥有自己的事业。

就这样，小药人生第一次不再是被动地接受，而是主动去争取。

小药毕业于服装设计专业，在校的时候就接过一些平面广告的拍摄，和一些老朋友现在还有联系。于是，她用了一周时间制作简历，通过之前的人脉将简历发了出去，很快便接到了邀约。一开始，她接到的都是一些报酬既低、时间又长的平面商务，用老公的话说，“给的费用还不够给你的保时捷加油的”，但小药不在乎，她知道这是自己的事业。之后的三年，小药减少了“少奶奶聚会”，来往于全国各地接拍摄，从平面模特到视频模特，再从视频模特转变成短视频演员，现在，小药在短视频圈子里已经小有名气，虽然赚的钱不多，但她总算是有了自己的事业。而小药的富二代老公，也因为发现小药身上事业型女性的魅力，对小药更加疼爱了。

在我们这个社会，女性往往扮演着一个被动者的角色：在男女关系中是被照顾的一方，恋爱是被追求的一方，婚姻是被求婚的一方……甚至连社会对女性的角色定位也往往更偏重于家庭，相夫教子、照顾公婆、负责家务等，一般都是女性的责任。而在职场上，女性却常常人为地被设置了“职场天花板”。这些影响都让女性对自己的人生失去了主动权，女性更多的是被动地选择可能自己并不喜欢的生活。那么，女性该如何改变被动的生活，主动选择自己想要的人生呢？不妨先从以下几点开始做起。

重新认识自己

女性需要认识到自己的价值和潜力，认识自己可能的未来。

具体做法是：腾出至少两个小时，找一张纸，静静地回忆自己的人生，想想自己从小到大都获得过哪些奖励，曾经在哪些领域做过让自己骄傲的事情，自己过去和现在最羡慕的人所从事的职业。把这些信息无差别地记录下来，等回忆结束后，审视纸上所列的职业，并在每一个职业背后写出当前从事这个职业最大的障碍是什么，是否可以跨越，这个职业是否可以作为一辈子的事业，如果不可以，职业的转变方向是什么。最后，在这些职业中寻找到交叉点最多的一个，这便是我们内心最想从事且最具有可信性的未来。

很多无法主动的女性，本质是不知道自己要什么，表现是没有行动，一想到行动就彷徨。如果能够重新认识自己，便可以为自己的行动寻找到方向，那么等待我们的便是什么时间迈出第一步了。

肯定自己的价值

女性需要肯定自己的价值，要经常鼓励自己，给自己信心。

比如，可以设定实际可行的短期目标和长期目标，挑战自己尝试新事物，即使害怕也要勇敢迈出第一步。在实现目标后，给予自己相应的奖励和肯定。同时，我们可以用积极的话语替换消极的自我评价。比如，每天对自己说一些鼓励的话，如“我做得很好”“我有能力应对这个挑战”等。通过这些方法，我们可以逐渐增强自我价值感，并且培养出自信和积极的心态。

探索自我和关爱自我

在重新认识自己、肯定自己的价值后，那接下来就是要怎样去做。在经过前两步的准备后，要通过实践、尝试、反思，不断调整自己的目标和计划，进而实现自我价值的最大化。首先可以从小事做起，比如学习一门新语言、尝试一种新的运动或者艺术形式等。

其次，女性需要关爱自己，通过制订运动、休息、娱乐的计划，来一以贯之地安排自己的生活，保持自己的节奏，获得良好而稳定的情绪，进而为自我成长和自我实现提供坚实的基础。

女性觉醒、唤醒自己的过程，是一个从被动到主动、从依赖到独立的过程。在这个过程中，女性不仅会实现自我价值的提升，也为社会的进步和发展作出重要的贡献。我们可以期待，女性觉醒能够为每个人带来更加美好和幸福的生活，让每个人都能够在平等和尊重的环境中，追求自己的梦想和目标。

第二章

接纳

悦纳自己，好好爱自己

真实和完美，你更愿意接受哪一个

菲菲从小就追求完美，因为她的父母对她寄予了极高的期望，凡事都要求她做到完美无瑕。为了迎合这些期望，菲菲不断地鞭策自己，严格控制生活节奏，努力学习，保持理想身材，并努力弥补性格上的任何“缺陷”。

然而，菲菲对这样追求完美的自己感到痛苦，这种压力甚至严重干扰了她的生活，让她感到疲惫不堪。直到有一天，菲菲的一位朋友对她说了一番话：“菲菲，你一直在追求别人眼中的完美，但你知道吗？真正的完美并不在于达到别人的标准，而在于接纳并珍视那个独一无二的真实的自己。”这番话如同一道闪电，划破了菲菲心中的迷雾。

于是，菲菲开始反思自己的生活，她意识到自己一直在为了迎合别人的期望而活，却忽略了内心的真实感受。她决定放下那些沉重的负担，开始接受真实的自己，和自己和解。她发现，当她不再执着于追求一个遥不可及的完美形象，而是专注于成为一个更加真实、更加自在的自己时，生活的色彩变得更加鲜艳，幸福的感受也愈发真实。

最终，菲菲走出了痛苦的阴影，她的父母也看到了她的改变。他们开始意识到，菲菲的幸福并不取决于她是否完美，而取决于她是否能接纳并爱护真实的自己。

在社会的各个角落，我们总能听到对女性的各种期待和要求的声音。无论是家庭、职场还是社交圈，女性似乎总被要求扮演一个完美的角色。然而，这种对完美的追求往往让女性陷入深深的痛苦和挣扎之中。

菲菲的故事并不是个例。在现代社会中，许多女性都面临着类似的困境。她们被要求在工作上表现出色，在家庭中扮演贤妻良母的角色，在社交圈中保持优雅和魅力。这些要求像一座座大山，压得她们喘不过气来。然而，这种对完美的追求往往是以牺牲女性的真实感受和个性为代价的。

那么，女性如何才能从这种困境中挣脱呢？答案就是接受并珍惜“真实的自己”。女性需要明白，真正的完美并不在于达到别人的标准，而在于接纳并珍视那个独一无二的真实的自己。这意味着女性需要学会放下那些沉重的负担，不再为了迎合别人的期望而活，而是专注于成为一个更加真实、更加自在的自己。

当女性开始接受真实的自己时，她们会发现生活的色彩变得更加鲜艳，幸福的感受也愈发真实。她们不再需要为了迎合别人的期望而牺牲自己的真实感受和个性，而是可以自由地追求自己的梦想和幸福。同时，这种觉醒也会让女性更加自信和坚强，因为她们明白自己的价值并不取决于别人的眼光，而是取决于自己内心的真实和坚定。

当然，接受真实的自己并不是一件容易的事情。它需要女性有足够的勇气和智慧去面对自己的不足和缺陷，去拥抱自己的全部。但正是这种勇气和智慧，让女性能够真正地活出自己，成为一个更加完整和幸福的人。

那么我们应当如何从“别人要求的完美”中挣脱出来，开始接受并珍惜“真实的自己”呢？其实，只需要做到以下三点即可。

重新开始，理性地看待自己

俗话说“当局者迷，旁观者清”，当我们身处事件的漩涡中心时，通常会因为各种各样的原因看不清事件的真相和本质，尤其是在“成为真正的自己”这一条道路上，我们通常会因为一些较为主观的因素，而对事物的情况产生错误的判断，在这种情况下，我们不妨停下前进的脚步，对于自身情况进行理性审视。

现在自己追寻真实的脚步是否正确，我们是否做了正确的选择，现在的这个真实自己是不是自己希望成为的那个自己？当感受到自身前进的方向错误时，能及时纠正，或者更换一个方向继续寻找“真实”，比如降低我们自身的标准，或者更换一个更加喜欢的职业。但无论如何变化，我们一定要放平心态，适当地停下脚步，时刻保持冷静和客观的心态，这才是追求“真实”道路上最大的武器。暂停下来，不代表放弃，而是为了更好地前进。

悦纳自己，懂得接纳与自我欣赏

悦纳自己是女性独立和觉醒至关重要的一步。在成长过程中，女性常常被教导要谦虚、内敛，不要过于张扬自己的优点。可这种教育方式，也容易让女性在内心深处对自己缺乏认同感和自信心。实际上，悦纳自己并不意味着自满，而是对自己独特性的认可和欣赏。

悦纳自己，首先是接纳自己的不完美。每个人都有不足和缺点，这是人性的一部分。真正的自信源于对自己全然的接受，包括那些不完美之处。其次，学会欣赏自己的优点和成就，无论大小，都应给予肯定。通过这种积极的自我认同，我们才能增强自信心，同时更加勇敢地面对生活中的挑战。

接纳不完美并不意味着放弃追求进步，而是认识到成长是一个过程，而非一蹴而就。我们需要学会对自己宽容，允许自己犯错和失败，因为这些都是人生经历的一部分。通过接纳不完美，我们才能够更加平和地面对生活中的各种挑战，并在挫折中找到成长的机会。

“完美的自己”也不错

在选择前进的道路时，大家会经历各种各样的情况，如果在多番尝试之后发现自身依旧没有找到“真实的自己”，反而过去那个追寻“完美”的自己更加轻松、快乐、充实，也让我们感到更加放松，当我们意识到这一点的时候，不妨看看过去的道路，我们心中那个“真实的自己”说不定就藏在过去的那段经历之中。

“真实”与“完美”并不是完全相悖的概念，两者的存在可以重合，可以叠加，不要一味否定自己的过去，也不应当因为一时的挫败而否定自身努力的方向。我们每个人都不相同，尽管大部分人都是不完美的，但说不定我们就是天生的“完美之人”，在不断学习、不断进步中，能够感到快乐、幸福与满足，这样就很好。

那个被人称为“圣母”的你开心吗

小芳是一个善良的女孩，在周围人的认知之中，她似乎可以包容身边发生的一切。哪怕在工作中，因为他人的失误导致自己被领导惩罚与责骂，小芳也可以一笑置之。但渐渐地，小芳感受到周围人对于自己的态度发生了变化，一部分人甚至利用她的善良与包容，在工作中对她无止境欺凌，例如将部分难以完成的工作交给她，或者冒领她的成就与功劳，去领导面前邀功。

一些同事看不过去，想帮助小芳，可这些人却是一副理直气壮的样子，对同事们说：“反正小芳是个‘圣母’，什么都不在乎，就当帮我又怎么了？”

也正是因为这些人的欺压和放肆，越来越多的人将小芳当作了自己的“工作垃圾桶”，逐渐忽视了小芳自身的感受。现在的小芳每天上班都要面对许多不属于自己的工作，领导给予的压力也越来越大，工作的重压让小芳非常焦虑，她甚至有些后悔，难道自己的包容与善良错了吗？

从小到大，我们都在“与人方便，与己方便”的要求中成长，诚然，这一思路是正确的，在生活中，我们做出适当的让步确实可以让生活更加顺利。但任何事情都具有两面性，一些不怀好意的人注意到我们善良的品德后，会将我们的善意当做可以利用的一部分，频繁且多次地利用我们的善意来满足自身的需求，并用“圣母”一词来调侃我们，就像是小芳身旁的同事一样。

在现代网络的冲击下，“圣母”一词演变成了对一些包容他人问题、接受他人问题之人的调侃称谓。包容他人，虽然是一份难能可贵的优秀品质，但我们要清楚，对他人的包容也可能会是对自己进行的伤害，我们要替代对方承受问题的后果，原谅对方对自己的冒犯，并且全盘接纳后续可能会产生的一系列麻烦。我们在原谅对方之前，是否做好了接受这一切的准备呢？相信大多数女性朋友的答案是否定的。那么我们为什么会在不确定的情况下，依旧愿意原谅对方呢？答案，大多来自我们从小接受的教育。

走在觉醒道路上的女性朋友们也经常会陷入这样的误区，我们可以包容他人，但一定要认清身边的人，保证自己不要被利用，同时也要认清包容的极限在哪里，要意识到自己被人称作“圣母”时，其实事情的走向已经改变了，我们也是时候改变一些自身的观念了。

我们只是普通人

在我们包容他人之前，要对自己有一个清晰的认知，即我们也同样是普通人，或许我们的容貌、家世、能力以及资源要优于其他人，但这并不代表我们一定要对他人的问题进行包容。或许对方的问题在已经觉醒的女性朋友面前，不过只是一个填补平凡生活的小插曲，我们可以在短时间内妥善地对问题进行解决，随手就可以帮助他人，但我们一定要清楚，我们对他人的帮助并不是我们的本职所在，在帮忙之前，或者帮忙之后，都要向对方进行说明，我们也不过是普通人而已，帮忙也不是无止境的。一味地包容他人，自己注定是不开心的，而且这与独立女性、觉醒女性的概念是相悖的，我们确实强大，但不代表我们要为了他人无止境地付出。

学会“不原谅”

现实生活中，许多女性朋友被称作“圣母”的核心原因是时常原谅他人的过分行为，原谅他人对于自己的冒犯与不尊重。这种生活态度固然是好的，但我们一定要学会“发怒”，学会“不原谅”。我们要在心中设定一个界限，无论是什么人，只要触碰到这一界限，我们一定不能轻易原谅，要让对方对我们的冒犯道歉。

新时代的女性觉醒，不只体现在思想观念的转变上，也要将重点放在自身思想完整性的塑造上，为自身设定底线，放弃过去那个不会“愤怒”、一直“原谅”的自己，这也是我们独立、觉醒的一部分。在原谅他人之前，也要充分考虑自身的感受，不要因为一时的心软，为日后的人际关系埋下隐患，要知道，一次的容忍，换来的只会是更多的冒犯。

许多女性朋友在与他人交往的过程中，会在第一时间给予对方一定程度的信任与支持，但我们一定要注意这份信任与支持的适度，不要让对方认为自己会无止境地原谅他人的所作所为。我们不是“圣母”，对他人的冒犯会感到愤怒，所以，当我们在交往过程中感到不开心时，一定要及时且有效地进行表达。

学会说“不”，不滥用善良

学会说“不”是女性觉醒的重要一步。我们要敢于表达自己的不满和界限，敢于拒绝那些不合理的要求。这并不意味着我们变得冷漠或自私，而是让我们学会更加珍惜和尊重自己的感受和需求。

作为女性，我们尤其容易陷入被道德绑架的困境中。因为在传统观念和社会期待中，女性往往被赋予更多的“照顾”和“给予”的角色。我们被鼓励要善解人意，要体贴入微，要为他人着想。这些品质本身无疑是宝贵的，但当它们被过度利用，成为他人无度索取的理由时，我们的善良就变成了负担。

我们需要重新审视自己的善良和退让，我们要明白，善良并不意味着无原则的纵容，退让也不等于无底线的牺牲。我们的善意应该是有选择的，是对那些值得的人和事的回应。当面对不怀好意的人时，我们有权利也有责任保护自己的善良不被滥用。

同时，我们也要学会辨别和远离那些习惯利用他人善意的人。他们或许会以“圣母”之名来调侃我们，试图让我们觉得自己的善良是一种可笑或可鄙的品质。但我们要知道，真正的善良是宝贵的，是值得被尊重和珍惜的，我们不应该因为他们的调侃和误解而动摇自己的信念。

女性觉醒是一个从内到外的过程，学会爱护自己，珍惜自己的善良和退让，不让它们成为他人无度索取的对象。只有这样，我们才能真正地活出自己，成为一个幸福的人。

如何疗愈过去受伤的自己

小易年纪轻轻就在工作上展现出了非凡的天赋，她对工作的处理效率是其他同事的数倍，因为小易的存在，整个公司不仅运转顺畅了不少，收入还增加了许多。年底，老板给小易准备了奖金、新手机以及全新的办公室，并且准备为小易升职。但让老板没有想到的是，当他提出这些优渥的奖励后，小易竟当场拒绝。老板还以为小易是觉得奖励过少，决定继续提高奖励的优渥程度，可没想到小易不仅没有接受，还像是逃跑一样离开了办公室。

在老板的追问下，同事解释道，小易出生在一个较为偏远的地区，当地的重男轻女之风非常严重，所以小易从小到大都被家里人称作“赔钱货”，上大学之后更是被家里人说成了“野鸡想去城里当凤凰”，使用任何具有价值的物品都会被家里人说“不配”，小易也因此一直非常自卑，对于一切具有高价值的事物都非常抗拒，哪怕只是简单地乘坐出租车上班，都会引起小易的焦虑，宁愿迟到也要去坐公交车。回到家后，小易对自己的行为也深感懊悔，可她就是无法接受别人对自己的肯定，也无法接受他人的奖励，哪怕这是她应得的。小易抱着自己的膝盖，陷入深深的难过中，同时，也开始反思自己的问题。

小易的经历令人惋惜，从小到大听到的刻薄尖酸的话语，让她受到了难以平复的伤害，这不仅让她焦虑，更让她长时间活在了自卑当中，这种情况虽然非常不健康，但对于小易而言，却又很难摆脱。

在生活中，也存在着许多像小易这样的女性，她们或许是因为过去的一句言语受到伤害，或许是因为遭遇的一些事情，从而对某些人、某些事物产生了抗拒的心理，即便是升职加薪这样人人都梦寐以求的事情，在她们的眼里却如同毒药一般让自己的内心备受煎熬。这样的情况不仅让她们的心理产生了一定程度的病变，同样也让她们的成长和发展受到了阻碍。

每个人在成长的过程中都会遇到不同程度的伤害，即便成年之后，有些伤害也会在身边一直围绕，挥之不去，我们越发关注这一问题，越会持续受这一问题的影响。

该如何平复、疗愈心中的伤害与问题，是女性能否继续前进的关键之一，也是女性觉醒的关键点之一。

那么如何疗愈受伤的自己呢？我们不妨从以下几个方面试着入手。

建立健康的自我认知

过去的伤痛常常会影响女性的自我认知，让女性对自己产生负面的看法。这些负面的自我认知可能包括自责、羞愧或不自信。为了疗愈，我们需要重新建立健康的自我认知，认识到自我价值和独特性。

关于这个问题，有一个有效的方法是练习自我肯定，也就是积极地确认自己的优点和成就。无论是职业上的晋升、学业上的突破，还是个人生活中的小确幸，每一项成就都是女性自我价值的体现。这些成就证明了女性的能力和智慧，当女性回顾自己的成就时，就会因为自豪感而强化正向的自我认知，因为这些成就都是自己努力的结果，是自我价值的直接体现。

此外，学习设定合理的目标和期望，不再过分苛求自己，也有助于减轻内心的负担。通过不断地自我肯定和积极的自我对话，我们可以逐渐改变负面的自我认知，形成更积极、健康的自我形象。

直面问题的根本

为了一劳永逸地解决这些问题，我们不妨直面问题的根本，从成因上解决这一问题，向曾经质疑过我们、伤害过我们的人进行直接发问，自己当年到底是做错了什么事情才会遭受这样的对待？当初为什么一定要来伤害自己？伤害自己到底有什么好处？在得到这些答案之后，或许就能知道那些人伤害自己的初衷，这时我们可以用沟通的方式来解决问题的根本，也可以用证明自己的方式来告诉对方，他（她）说的是错的，我们不是那个样子的人。以直面问题根本的方式对过去的自己进行疗愈，替过去的我们“出一次头”。只要我们能从中取得我们想要的结果，得到我们想要知道的答案，过去的自己或许就可以得到一定程度的疗愈。

如果我们不敢独立直面问题的根本，也可以寻求他人的帮助，疗愈的过程本就不应孤立进行，寻找支持和力量是帮助我们走出困境的重要途径。支持可以来自多个方面，包括家人、朋友、支持小组，或是专业的心理咨询师。他们不仅可以提供情感上的支持，还能为我们提供新的视角和解决问题的方法。

转变思路，曲线解决

日本 TBS 电视台在 2016 年出品了一部电视剧，名叫《逃避虽可耻但有用》，这一剧目一经播出便引起了广泛的热议，但除去剧目本身的内容外，大家更加关注的还是这一剧目名称中的“逃避”这一概念。“逃避”在传统观念的认知下一直被打上负面的标签，许多人认为逃避是不可取的。但我们不妨试想一下，如果我们不去考虑自身能力，一味地直面问题，我们肯定会受到更大的伤害，当我们无法对眼前的问题进行合理且有效的处理时，暂时搁置也不失为一种解决的办法。继续前进，继续强大我们自身的能力，当自己得到成长后再回过头直面过去那个受伤的自己，到那时，问题或许可以得到更好解决。

此外，从书籍、艺术、自然等外部资源中寻找力量，也是一种有效的疗愈方式。例如，通过阅读有关疗愈和成长的书籍，我们可以获得新的见解和灵感；通过艺术创作，我们可以表达和释放内心的情感；通过亲近自然，我们可以获得内心的宁静和力量。这些外部资源可以帮助我们在疗愈的过程中获得更多的支持和力量。

过去的伤害是女性觉醒道路上的一份不可忽视的阻碍，那个被伤害过的自己，远比现实的打击更加沉重，因为我们无法在第一时间妥善且有效地对于问题本身进行处理与解决，甚至一个简单的问题可能会衍生出更多、更复杂的问题，所以，找到适合自己的方式去疗愈过去那个受伤的自己，真正让自己强大，是我们在觉醒的道路上必须迈出的重要一步。

你所有的隐忍都让人心疼

小夏是个工作能力极强的女孩，自从入职一家公司后，她始终保持着高效的工作状态，无论是处理复杂的项目还是解决棘手的问题，她都能做到游刃有余、尽善尽美。

然而，尽管小夏工作表现出色，但她却从未得到过老板的真正认可。老板总是对她的努力视而不见，从未给予她应有的奖励。更让小夏感到心寒的是，老板非但没有因为她的工作高效而减轻她的工作负担，反而变本加厉地压榨她，不断给她增加更多的任务和责任。

最开始，小夏选择了隐忍。说到隐忍，小夏从小就被父母教导“凡事多忍”，因此，哪怕是工作后的小夏，也一直遵循着父母的这个教导。所以，在面对老板的压榨时，她认为只要自己继续努力，总有一天会得到老板的认可和赏识。然而，她的隐忍并没有换来老板的理解和尊重，反而让老板更加肆意地分配任务，完全不顾及小夏的感受和承受能力。巨大的压力压得小夏喘不过气来，小夏的身体状况也越来越差，颈椎病、失眠、焦虑等病症越来越严重，但即便如此，她仍然坚持着，试图用自己的努力和奉献来赢得自己应有的东西。

可是，她的隐忍和付出并没有得到应有的回报，最终，小夏失望地选择了离职。

在工作与生活之中，我们经常会遇到一些问题，例如小夏遇到的职场问题就是非常典型的例子，当不想失去这份工作，却又不得不面对压榨自己、自我意识过强的领导时，大家通常都会选择隐忍，希望通过隐忍的方式，对事件进行冷处理。但事实上，隐忍带来的冷处理，可能并不会换来境况的改善，只会导致情况进一步加剧。

就像小夏一样，试图通过加倍的努力来证明自己的能力与价值，却不去做领导的相关工作，用一种近乎自我催眠的方式继续眼前的工作，换来的只会是无止境的欺凌和更加庞大的工作量，且这一情况不会随着小夏的患病而结束，反而只是另一段痛苦历程的开始。

女性的觉醒不止在于我们思想观念的转变，同样在于认知与判断上，对于目前情况做出清晰且坚定的判断，有助于我们摆脱“隐忍”的困境。

那么，我们该如何判断眼下的情况是否应该隐忍呢?

首先我们要明确一个观点，即隐忍是一种“被迫妥协”，不要让这种“被迫妥协”成为我们的第一选择。在我们遇到情况时，要对当下的情况有清晰的判断和认知：是否有能力对于问题进行解决或调整；领导布置任务时，明确这一任务是否归属自己；这一任务是不是自己必须完成，如果不是的话，我们就要适当地发表自己的意见。即如果任务不属于自己，也不是必须自己来完成的情况下，我们一定要主动找到领导，表达自己的意见，最大限度地保证自身权益。

那么，代替隐忍的最好办法是什么呢?

积极沟通与表达，不要让自己成为“受气包”

女性往往因为担心冲突或被认为“难以相处”而选择隐忍。然而，积极沟通与表达才是解决问题的关键。

首先，要学会识别并表达自己的感受和需求，用“我”为主语的语句来表达观点，减少攻击性。比如当在工作中遇到不公平的任务分配时，女性朋友可以说：“我感觉这次的任务分配有些不均衡，我希望能够有更公平的机会来展示我的能力。”

其次，女性朋友要学会倾听他人的观点，并寻求共同的解决方案，这有助于建立更加尊重的相处环境。

最后，如果直接沟通无法解决问题，可以考虑向更有话语权、更有权威的人士寻求帮助和支持。

设定明确界限与期望

想要摆脱隐忍，在与人相处中，女性还要学会设定明确的界限和期望，以避免被过度利用或压榨。以职场工作为例，工作中，首先要清楚自己的职责范围和工作量，对于超出自己能力或职责范围的任务，要勇于拒绝并说明理由。其次，要学会表达自己的期望和需求，比如期望获得公平的晋升机会、合理的薪酬待遇等。通过明确界限和期望，女性可以更好地保护自己的权益，避免被他人无理的任务或要求所牵制。

培养情绪智力与应对策略

情绪智力是一个人应对挑战和压力的重要能力，女性朋友在摆脱隐忍时也可以培养情绪智力。要培养情绪智力，首先，需要学会识别和管理自己的情绪，避免在压力下做出冲动的决定或行为。其次，要学会察觉他人的情绪并做出适当的反应，这有助于建立更加和谐的人际关系。

光是培养情绪智力还不够，还需要制订应对策略。以职场为例，如果在职场中遭到了性别歧视或骚扰行为，我们可以制订具体的应对方案，包括寻求支持、保留证据、采取法律行动等。

培养情绪智力和制订应对策略，两者相结合，女性便可以更加冷静和理智地面对生活或工作中的挑战和不公平现象。

敢于对职场中的不公正说“不”

女性在职场之中所遇到的歧视与压迫相对较多，而这一问题的形成原因大部分来自职业女性在职场中的地位较低。部分公司以及领导层认为，女性无法从事某些特殊工作，应当在其他方面予以补足，这样才能证明自身拥有与男性等同的价值。这一认知是错误的，但却被许多人所认可，更加过分的是有许多企业借题发挥，以女性的这一特点作为压榨的理由与借口，同时使用辞退等手段对女性进行威胁。

许多女性面对这一类型的压迫时会手足无措，进一步诱发“隐忍”的出现，领导也会继续借题发挥，进一步对职场女性进行精神控制，从而将女性引入只能被迫妥协的旋涡之中。女性的觉醒与独立正是因为这种不公正的待遇而出现，在面对职场不公以及职场霸凌的情况下，我们要勇敢地说不，勇敢地拒绝对方的压榨与不公待遇。如果情况陷入一种无法调和的状态，对方的言语威胁变本加厉，女性朋友们也不要慌张，这时应当拿起法律的武器保护自己的权益，搜集对方职场霸凌以及职场不公的相关证据，前往有关部门进行举报，通过诉讼的方式保护自己的合法权益。我们一定要认识到，隐忍并不是所有问题的解决方式。

你故作淡定的样子很累

胡小姐是一位年轻有为的管理者，一直以来她都以专业、冷静的形象示人，无论是面对团队的压力还是个人的挑战，她总是能够保持镇定，从容应对。然而，这种“故作淡定”的背后，却隐藏着胡小姐巨大的自我束缚和压抑。

胡小姐从小就被灌输“遇事要稳重”“遇事要淡定”的思想，成为管理者后，她更是时刻注意自己的情绪和状态。她认为，一个优秀的管理者应该具备处理一切问题的能力，不应该轻易露出疲态或寻求他人的帮助。因此，无论遇到多大的困难，她都选择独自承担，即使身心俱疲，也依然强撑着维持表面的平静。

然而，这种表面的“故作淡定”实际上对胡小姐自己和团队都造成了伤害。她长期承受身心的重负，不敢表达自己的情感和需求，身心健康逐渐受损。同时，她的这种压抑状态也让团队成员感受到了疏离和冷漠，士气逐渐低落，团队凝聚力也受到了严重影响。团队成员之间的沟通和合作变得不顺畅，工作效率也大幅下降。

在一次团队危机中，她意识到自己的故作淡定并没有给团队带来任何帮助，反而让团队陷入了更大的困境。她开始反思自己的管理方式，并意识到真正的优秀管理者并不是要时刻保持表面的平静，而是要敢于面对自己的脆弱，积极与团队配合，共同应对挑战。

于是，胡小姐开始尝试放下那些束缚自己的观念和期望，开始勇敢地表达自己的情感和需求。她主动与团队成员进行深入的沟通，分享自己的压力和困惑，并寻求他们的支持和建议。这种真实的互动让团队成员感受到了她的真诚和关怀，团队成员也开始更加积极地参与到工作中来。

最终，在胡小姐的带领下，团队取得了更加优异的成绩。他们不仅完成了既定的任务目标，还在多个项目中取得了显著的成果。他们共同创造了一个积极向上、充满活力的团队。

胡小姐不再故作淡定，而是与团队成员坦诚相待，共同分担压力和挑战，没想到却让团队成员之间的沟通和合作变得更加顺畅，工作效率也大幅提升。更重要的是，团队成员的士气逐渐提升，凝聚力也得到了加强。

可见，女性觉醒，并非要女性变得强硬或无所不能，而是要她们学会认识并接纳自己的脆弱。在传统观念中，女性往往被期待展现出无尽的耐力和坚韧，但这并不意味着她们不能有自己的软肋或力所不能及之处。相反，正是这些真实的、不完美的部分，构成了女性独特的魅力。

女性要从内心建立起一种意识：遇事不一定非得要保持淡定，甚至是故作淡定，而是可以学会在适当的时候放下防备，坦诚地表达自己的感受和需求，展露自己柔弱的一面。这种坦诚不仅是对自己的善待，也是对他人的尊重。因为它允许他人了解真实的自己，从而建立更加真诚和深厚的关系。

要知道，承认自己的弱势并不是失败，而是成长的开始。这种合作与分享的精神，不仅让女性的生活变得更加轻松，也让她们在团队和社交圈中展现出更加独特的领导力和魅力。

尤其是当面对复杂且完全超乎计划与预料的问题时，大方承认自己有力所不及的地方，寻求大家的帮助，和大家一起寻找新的解决方式，也有助于提升团队的凝聚力。其实，这种对自我的清醒认知以及对他人的信任，反而能为我们的女性魅力加分，让我们的形象更高大。

所以，在生活或工作中，我们要多关注自身，多关爱自己。

你需要懂一点自洽

对于女性来说，自洽意味着内心的和谐与平静，而实现自洽的过程，就是不断了解自己、接受自己并与自己的内心达成和解的过程。在生活中，在职场中，许多女性都会遇到来自外界的压力，以及源于内心的冲突。她们会为了符合社会的期待而隐藏自己的真实感受，逼迫自己表现出“坚强”“淡定”的一面。可实际上，这种自我压抑的做法，远比外界施加的压力更让人感到疲惫。

所以，女性朋友们，与其刻意维持一种坚强的外表，倒不如坦诚面对自己的情绪和情感，无论是快乐、悲伤还是焦虑，都是我们不可割断的情绪；无论是懒惰、勤奋还是拖延，都是我们某一阶段最真实的状态。这种自我接纳不仅是独立的基础，也是觉醒的核心。只有在内心与现实之间找到平衡，女性朋友们才能真正感到自洽，才能避免陷入心累的窘境。

不内耗，才能减少内心的无谓斗争

与内卷不同，内耗是指个体在心理上不断地消耗自己的行为。这种行为往往体现在自我怀疑、内疚和焦虑等情绪情感上。对于女性来说，内耗的原因可能来自对完美主义的追求，也可能来自对他人评价的过度关注，或是对自身不足的过度苛求上。可事实上，这些心理负担不但会让人感到疲倦，还会削弱我们的自信心，甚至影响我们生活的方方面面。

对女性朋友来说，减少内耗的一个有效方法是学会设定合理的界限和目标。也就是说，我们要明确自己能做什么、不能做什么，要接受自己的局限性，并在自己的能力范围内尽力而为。

此外，女性朋友们也可以选择定期进行自我反思，比如选择一个安静的时间段，坐下来静静地关注自己的内心，审视自己的情感状态，思考自己是否真正快乐，是否满足了自己的需求。当我们不再逃避或忽视自己的负面情绪，而是勇敢地面对它们，试图理解它们的来源时，就能很容易用更加积极和乐观的态度面对生活了。

女性不应披着淡定、强大的外衣内耗自己，而是应当正确发掘内在的力量，让自己在面对生活的挑战时更加从容，同时培养持续学习的习惯，努力让自己真正强大起来。

关系中所有的不如意，都在提醒你爱自己

小华从小接受的教育就是“你是做姐姐的，要让着弟弟妹妹”，所以，在成长的过程中，小华几乎一直在忍让，致使许多朋友对她都是无止境索取，谈了恋爱之后依旧如此。

年初的时候，小华接受了同办公室一位男生的追求，两人发展成了恋爱关系，但在甜蜜之后，小华却渐渐感受到两人的这段关系变得畸形。男友喜欢去昂贵的餐厅，喜欢去各种高档场所约会，可又不想为此花钱。为了迎合男友，每次小华都欣然赴约，然后默默把账单付掉。

最开始，男友只是习惯性地拒绝分摊账单，一直让小华买单。后来，男友开始间断性地向小华借钱，最后甚至发展到小华刚刚发了工资，男友就会前来索要。有小华“兜底”，男友越来越放纵自己，拿小华的钱去花天酒地。小华多次想要拒绝借款给男友，但男友却以这些钱都是为了两人今后进行投资为由搪塞过去。

小华的消费开始逐渐降级，甚至连最基本的化妆品以及防晒用品都无法购置。结果，在端午节前后，男友向小华提出了分手，小华“人财两空”，不仅陷入了绝望，甚至还患上了轻度的抑郁症。

一段良好的恋爱关系，一定是建立在互相尊重的基础上。而互相尊重最重要的前提，则是要懂得尊重自己、爱自己。小华的经历和她的原生家庭以及成长环境是分不开的，因为父母从小便教导她多忍让，致使小华对于尊重自己、爱自己这件事情没有产生正确的认知，继而让她无法在一段关系中正确定位，无法确定自身的付出是否超过了界限，并且衍生出了许多问题。

很多女性朋友像小华一样，在处理各种关系时不懂得爱自己，而是一味地迁就他人，或者过度关注他人的需求，却忽略了自己的感受和需求。这种忽视不仅让自己很受伤，甚至还影响女性的自尊和幸福感。所以，不管是恋爱关系，还是其他关系，女性朋友都要清醒一点：所有出现在关系中的不如意，都在提醒我们，我们不够爱自己，我们要懂得并学会爱自己。

那么，如何分辨自己遇到的问题，是不是因为“不爱自己”而产生的呢？

其实判断的方式非常简单，就是在交往的过程中时而停下脚步，关心一下自己的状态，如果因为对方的某些行为让自己感到不适，或者对方越界的行为逐渐加剧，就有可能是你“不爱自己”了。就像小华交往的这名男友，以各种理由向小华进行借贷，甚至影响了小华的生存，小华却一再纵容，这便是小华“不爱自己”的表现。

所以，女性朋友要学会明确分辨自己的感受，对于让自己感到煎熬、痛苦、不适的关系要及时纠正或停止，真正地做到爱自己。

不过，女性朋友要懂得和学会爱自己，还要关注以下两方面问题。

明确“爱自己”的概念

我们在发展任何一段关系之前，都要先明确“爱自己”这一概念。首先“爱自己”并不代表一味地放纵自己，也不代表我们要一味地向对方索求，要求对方付出一切。就像小华一样，她在一段关系中表现出来的特点，早就远离了“爱自己”这一概念。真正的“爱自己”，是在不伤害对方的前提下，保证自身的最大权益。我们不能像小华一样不懂得爱惜自己，更不能像小华男友一样放纵自己，向另一半无度索取。只有了解这个概念，才能在生活中实现真正的“独立”，进一步实现我们内心的觉醒。

时刻提醒自己，自己的状态如何

对于自身的感受，自身的体会自然是最明显的，“千里之堤毁于蚁穴”，不要忽视我们心中的不适，因为一个小小的不适很可能会引发一系列的连锁反应，就像小华的这一段感情经历一样。

在最初阶段，男生或许只是拒绝为共同花销分摊账单，这时候，小华就应当意识到问题的严重性。但小华没有采取任何行动，反而一味退让，最终让对方将自己的付出认为是理所应当。小华在这时应该向对方表达自己的意见，希望对方不要无视自己的付出，即便无法提供经济支持与经济补偿，也要在感情与生活上给予相应的付出。比如，可以提建议：在无法负担昂贵消费的情况下，两人可以寻找其他方式的约会，或者在家中自己烹饪。

爱自己，是一个非常漫长的过程，这里的“漫长”，并不仅仅指女性朋友们明确“爱自己”这一概念的过程，更是我们真正能做到“爱自己”而不“放纵自己”的过程，在这一过程中，我们要经历许多观念的转变，尤其对于那些在原生家庭中受到过伤害，从小开始被迫“妥协”的女性朋友。

对于这些女性朋友而言，“爱自己”同样也是一个与自己和解的过程，这个过程是相对艰难的，但当我们学会“爱自己”，我们的未来也将是光明的。

第三章

探索

你想要成为什么样的自己

你找准自己的位置了吗

媛妹从小就非常喜欢音乐，初中时期，她就曾经尝试过创作歌曲，并将创作的音乐小样投放在网络音乐平台上，虽然说没爆火，但却也吸引了一些忠诚的听众，媛妹对此非常开心，很有满足感。

然而，媛妹生活在一个普通家庭，认定学习文化知识是唯一正途的父母非常不支持她的爱好，他们以家里无法负担学习音乐的费用为由，劝说媛妹放弃音乐的道路，将精力放在文化课的学习上。媛妹面对家庭的压力和学习的重担，被迫放下了自己的音乐梦想。毕业后，媛妹步入社会成了一名正式的会计，一次偶然的机会，媛妹所在的公司与一家音乐公司展开了合作项目，媛妹作为会计时常会来到音乐公司处理业务。透过玻璃窗看到录音棚中的那些歌手，媛妹羡慕不已，毅然选择了辞职，去追寻自己的梦想。

但在追寻音乐梦的过程中，媛妹摸爬滚打了一整年的时间，花光了自己所有的积蓄，才发现自己的音乐天赋在真正的职业面前不值一提。无奈只能再次放弃自己的音乐梦，重新回到了会计的岗位当中，这让媛妹陷入了前所未有的迷茫，她不停地询问自己，自己是不是真的做错了什么？追寻自己的梦想，只能是这种结果吗？

对许多女性而言，找准自己的位置是非常困难的，尤其是在追寻梦想上。每个人都有梦想，也都为了梦想而努力过、奋斗过。一些幸运的女性可以得到机会，与自己的梦想零距离接触，最终将梦想当作自己的事业，甚至实现自己的梦想、成就了事业，然而这不代表每一位女性都能在自己的梦想中证明自己。

无法做自己想做的事情，无法走在追寻梦想的道路上，虽然心有月亮，却不得不为“六便士”低头，这总是令人伤感的。然而，我们必须承认一个现实，那就是想要实现梦想，不仅需要自己坚持不懈的努力，更需要过人的天赋，梦想并不是凭借我们一腔热血就可以去追寻的。一位作家曾经说过：“年轻时，我们总是将自己的创作热情误认为是创作天赋。”梦想谁都有，但并不是所有人都能实现梦想。

所以，对于女性而言，真正的觉醒要建立在自我认知上，要清醒并客观地审视自己的处境和能力，要了解真实的自己和想象中的自己之间的差距，不要被自己的梦想蒙蔽。

我们在成长的道路上会听到各种各样的声音，会遇到各种各样的人，会从这些人的认知中认识到这个世界的不同模样，这些人的声音应当成为我们审视自己的镜子，让我们知道可以多角度、多方向、辩证地去看待自己和世界，而不是让我们产生想当然的“我也可以”的想法。只有清晰地认识自己，找准自身位置，才能避免陷入失败。

所以，女性朋友在觉醒的路上，还需要做好以下两点。

正视自己，为未来定下清晰目标

正视自己，对自身的能力与水平进行客观并全面的审视，明确自身的能力，以及自身的兴趣爱好，同时联系自身所从事的职业，进行深入分析，并问自己几个问题：

我具备哪些方面的技能和能力？

我的特长和兴趣是什么？

我的特长与兴趣能成为我在职业发展的道路上获得更大成功的助推器吗？

我如何通过我所具备的技能或特长、兴趣获得成功？

分析之后，根据得出的结果，有针对性地设立一个目标，而此时设立的目标一定是我们自己有能力可以完成的，且是自己喜欢的，可以长期保持热情的。这样的目标更具有饱满的热情和动力，更有助于我们实现自我价值。

正视自己的过程，会逐渐清晰自身的认知，逐渐建立起自信，避免陷入某些麻烦的困境之中。就像是追寻音乐梦想的媛妹，她只记得自己曾经获得的成功，却忽略了自己没有受过专业训练的事实，在没有明确自身能力、没有找准自身定位的情况下贸然辞职，选择了一个几乎无法完成的目标，最终只能铩羽而归。

审视自己，清理掉生活中的“枯枝烂叶”

在为自己的未来定下清晰的目标之后，我们就应该彻底清理生活中不必要的事情，不要再让那些无聊的琐事过多占用我们的时间和精力。

清理生活应该从人、事和物三个方向入手。从人的角度，要审视自己的情感、人际关系、社交网络，对它们进行梳理，对核心的部分进行有效管理，意识到哪些是完全真正与自己适配的社交。

从事的角度，要对工作、事业、兴趣爱好进行一次梳理，确定哪些是自己真正能够企及的，而哪些是好高骛远的、跟风的、完全不适合自己的。

从物的角度，我们应该有“断舍离”的概念，让生活回归到简约的本质，找准自己在经济社会中真正的位置，进而让自己回归到与身份匹配的生活。

就像一个经济条件一般的女性，看到郑钦文的网球经历，对网球产生了兴趣，觉得打网球是一件时尚的事情。但无论经济条件还是空闲时间，都无法支撑她开启自己的网球之路，那么对于这种事情，即便心里再想，也应该果断放弃。

有句话叫“我们所受痛苦的根源是来自不清楚自己是谁，而盲目地去攀附、追逐那些不能代表我们的东西”。人生的路固然不止一条，有多少种尝试就有多少种可能，但你应该尽早走上自己最可能的那条路。

二十几岁的年纪常常是人生道路选择的关键时期，对于大多数女性来说，也是面临迷茫最多的时期。在迷茫中乱撞，你会收获很多，也会失去很多。所以，觉醒就是让自己学会开启上帝视角，超脱出现在的生活，客观地看自己，去努力寻找自己心中真正想要的未来，这样你的一切努力才会更有价值。

其实，每个光鲜的女性外表下都藏着一些故事和一颗努力奋斗的心。她们也曾经走过歧路，也曾经有过不切实际的想法，但她们最终找到了自己最现实的目标，并坚定地为这个目标奋斗。

如果只被她们的美好结局吸引，盲目地想成为和她们一样的人，不但不切实际，而且是痴人说梦。每一段让人羡慕的人生背后，一定离不开一个聪明且努力的主人公。同样，每一段苟且的人生背后，一定住着一个既想得多又“懒癌”晚期的患者。

知人者智，自知者明。人贵在自知，能够给予自身明确定位，对于自身有着充分了解的女性，才能够做到真正意义上的觉醒。

你想通过工作摆脱内心的无序感吗

小允一直是他人眼中“别人家的孩子”，不仅自身从小成绩优异，考上了顶尖的985大学，一路读到了博士生，家庭也非常幸福，父母都是有着正式工作的高级职工，收入颇丰且非常稳定。就在所有人都认为小允的幸福会一直持续下去时，一个意外却悄然到来了。

小允在博士毕业前夕，得到了一家中外合资企业的录用，本想在毕业后就职，没想到却因为一些不可抗力因素，就职的日期一再推迟。毕业后的小允一下子赋闲在家。刚开始时，小允还保持着一种非常快乐的心态，认为自己读书时非常忙，现在终于可以好好放松一下了，但很快，她便开始习惯了这种放纵的生活方式，开始酗酒、熬夜，睡眠时间也从晚上的十点左右，延长到了凌晨的两点、三点。

长时间的不规律作息，不仅让小允的身体一再变差，更让她的精神状况日渐颓废。有时小允会一整天都不洗漱，甚至都不离床。每天的生活充满了不确定性和随机感，一种强大的“无序感”包裹着她。久而久之，她意识到了这种情况的不对，但她一直安慰自己：“只要能够入职就好。”于是继续放纵生活。

终于在一段时间后，公司恢复了运转，邀请小允前来入职，可长时间的放纵，让小允的身体早已习惯了晚睡，对于入职的生活，小允表现出了极度的不适应，不但无法保证良好的精神状态，工作中还出现了许多意料之外的问题。于是没有多久，小允便被公司辞退了，这不仅让她心中的无序感更加严重，甚至患上了脱发的病症。

对于步入社会的我们而言，我们有时不免会放纵自己，就像小允一样，

在结束了读书生活，入职前，我们会“奖励”自己一段休息时间，但如果休息时间过长，我们不免会陷入一种完全不规律的生活状态。长时间的无规律生活，会让我们的内心被一种“无序感”包裹，与其说是“想做什么就可以做什么”，不如说是“完全不知道该做什么”。

我们会怀疑自己，也会对生活缺乏掌控感，甚至会生成一种无力感，对未来产生恐惧。小允的做法就是如此，过度的放纵滋养了她内心的“无序感”，最终让她彻底失去了往日的风采。那么，我们应当如何摆脱“无序感”的困扰呢？

无序感是一种心理状态，其定义为：“个体感受到生活或工作环境缺乏组织性和条理性，通常由不确定性和压力引起。”

正如小允的情况，因为没有明确的目标，所以小允不知道该如何安排自身的时间，如何有条理地安排自身的生活。

想象一下，我们身边有多少像小允一样的女性呢？她们没有自己的事业，认为工作可有可无，与工作上一份付出一份回报相比，她们更愿意毫无付出地接受父母或另一半的给予，她们将生活完全寄托在别人身上，最终也就丧失了对生活的掌控感，从而让生活变得杂乱无章，整天在懒散和无聊中度过。

一个女性，如果不能够意识到自己所谓的“无聊”，认识不到是因为自己的懒散让自己失去了对生活的掌控，那么就无法从根本上彻底解决内心的无序感这个问题。而解决这一问题也很简单，那便是意识的觉醒，建立与“无序感”相对应的“有序感”。那么应当如何有效建立我们生活中的有序感呢？

重新规划人生

从身份上讲，你已经是谁的女儿或妻子了，但你的社会身份是什么呢？你似乎从没有考虑过这个问题。从现在开始，你要考虑了，你要决定自己是谁或未来要成为谁，而当你有了答案之后，你便可以开始重新规划人生了。

“我想成为一名作家”“我想成为一名画家”“我想成为一名出色的整理师”……当你有了目标之后，你的生活自然而然就有了动力，你会顺着自己的轨道开始动起来。当你的人生有了阶段性的目标并为之行动之后，你就会发现自己的人生变得有序了。

整理自己的朋友圈

当你打开朋友圈，你发现里面不是做微商的就是晒生活的，那你就要检讨一下自己了。这并不是说做微商或热爱生活不好，而是说，我们朋友圈绝大部分人的定位，其实就是我们自己的生活。

当我们朋友圈里都是习惯躺平的人时，我们自己就会觉得躺平是一种自然的选择。而如果你让自己的朋友圈多了一些事业女性，你就会自然而然地让自己的关注点更多地移向事业了。

参加工作，建立强大的“有序感”

公司有着严格的规章制度与行为规范，不仅直接影响了我们的日常时间规划，同时也间接影响了我们的休息与睡眠时间。工作，对于我们而言，便是最为强大的“有序感”建立方式之一，在公司领导的任务布置下，在项目工程的交付时间下，我们可以非常清楚地规划自身接下来的行为逻辑，摆脱“完全不知道该做什么”的无序感状态，从根源上建立有序的思维，短时间内便可以解决我们心中的无序感，建立强大且牢固稳定的“有序感”。

无序感的本质是一种混乱，它的出现代表着我们原本规律且有序的工作被打乱，自然会让我们感到焦虑与不适。但只要及时发现问题，并建立相应的有序感，我们很快就能摆脱这样的情绪，继续勇敢地面对未来。

你更想成为经济独立的女孩子吗

小杨是一名非常优秀的女孩子，高中时期便获得了许多奖项，尤其在文学方面的表现尤为突出，多次获得省、市级文化奖项，高考时更是考出了优异的好成绩。填报志愿时，小杨想要选择艺术类专业，可父母却认为学习艺术“不稳定”，强迫小杨选择金融类专业，小杨想要拒绝，家里人就以拒缴学费为由最终迫使小杨选择了金融类专业。

但面对不喜欢的专业，小杨完全无法提起兴趣，最终成绩一落千丈，毕业以后只能回到家乡发展。时间很快过去了三年，小杨无时无刻不在后悔，看到那些学习艺术类专业的同学们，现在都找到了极好的工作，过着光鲜的生活，小杨越发崩溃，如果当年自己坚持并想办法解决学费的问题，是不是可以主宰自己的人生，也可以过上这样的生活？没多久，她便患上了轻度的焦虑症状。

在现下的社会环境中，经济独立直接关系到一个人的发展与未来，没有经济支撑，即便拥有再好的天赋与能力，也无法得到进一步发挥。现实中不只是小杨，还有许多人被迫学习自己不喜欢的专业，从事自己不喜欢的行业，甚至是嫁给自己不喜欢的人。

逐渐觉醒的女性不仅想要摆脱对家庭、对另一半的依赖，也应追求经济独立。经济独立并非只是一个概念，更是一个人的人生目标，我们要保证自身无论何时，个人的经济收入始终能够满足个人的生活需求。它并非只是单纯拥有高额的资产与财富，而是拥有一份可以自主决定自身未来发展方向的能力与资本，可以根据自己的意愿和兴趣，选择适合自己的职业或事业。

由此可见，对于女性而言，经济独立是我们争取平等和自主的关键，也是提升我们生活质量和幸福感的保障。但这个过程并不能一蹴而就，作为普通人的我们，应该如何实现经济独立呢？

培养经济独立的思维

在实现经济独立之前，我们不仅要从经济方向上努力，同样也要养成一定的独立思想，优秀的思维模式可以帮助我们更快、更好地实现经济独立的目标。而要想从根源上改变自身的思维模式，可以从以下三个方面入手。

制订清晰且明确的职业规划。在进入社会后，想要实现经济独立，实现个人价值的提升是一定的，但到底是选择创业还是选择在职业岗位上深造，却成了困扰许多女性的问题，当没有明确的方向时，我们不妨选择一个更强的大公司，学习先进的企业知识与企业运作逻辑，从而帮助我们对未来职业的规划做出明确的选择。

遇事要能独立解决。在生活、工作中遇到困境时，我们会下意识地选择求助于他人，无论是父母、同事、伴侣、朋友，都可能会成为我们求援的对象。但我们要时刻记住，向外求一世，向内求一次，时刻依靠外界因素来改变情况，只会让我们产生依赖。做到经济独立的前提，便是我们的思想要完成独立，所以在遇到困境时，先从自己的身上找原因，剖析问题的核心点，对其进行解决，尽量不要推责于他人，只要能做到这一点，便可以培养自己独立的思维模式。

投资自己。投资自己所指的并非为自己购置一些靓丽的衣装和消费一顿美食，而是丰富认知与提升大脑，报一些课程，或系统地学习一些知识，由此所产生的杠杆效应，远比美食和漂亮衣服产生的满足感影响更大。可以多考取几个技能证书，提升自身的含金量；多学习一些金融知识，为财富的积累蓄力。持续提升自己，我们创造经济价值的能力才会越来越强。

开源节流，学会储蓄和理财

在当代环境下，抛开一些特殊因素外，想要通过工薪来实现经济独立是有些困难，但作为已经开始探索自己想要过什么样的生活、想成为什么样的自己的女性朋友来说，即便在有限的经济条件下，也一样会想着如何做到经济独立。

所以，首先就是开源节流，减少生活中的不必要开支。少点一顿外卖，少喝一杯奶茶，少买一件不是必需要买的衣服，少看一场电影……这些节约看似很小，但长年累月下来，依旧是一笔可观的积蓄。

其次是储蓄。有人说钱是挣的，不是攒的，这话有道理，也没道理。对于一个没有很好投资渠道的女性朋友来说，除了上班所得工资之外，没有其他挣钱的渠道，不攒钱就意味着月月光。所以，一定要先学会存钱、储蓄，将每个月的工资做合理规划，预留出必需的生活支出后，剩余的部分就要及时做储蓄。

既可以选择银行储蓄，也可以选择一些安全稳妥、风险低的理财方式，比如货币基金，货币基金收益较低，但是本金相对安全，类似银行的活期储蓄。低风险的债券基金也是不错的选择，相对货币基金来说，收益相对较高。

当手头积累的财富更多时，可以选择终身寿险或年金保险，这也是一种安全稳妥的投资方式。终身寿险的收益基本固定；年金保险虽然收益有起伏，但是一般都有最低保证利率，所以，不用担心本金亏损的情况出现。

当手头积累的财富越来越多时，可以选择一些中高风险的债券基金、混合基金等，但可能存在本金损失的情况。如果对国家政策了解比较深，对股市分析有自己的独到见解，也可以投资股票，但是本金损失的风险很高。也可以买入一些黄金，可以保值增值。

经济独立这一概念对于任何女性而言都非常重要，我们应该追求经济独立。实现经济独立，保证自身的未来可以牢牢掌控在自己的手中。

为什么你的努力不值钱

小沫有一个远房大表姐，从小就对外语很感兴趣，长大后如愿考入一家外国语学院，之后成了一名职业翻译，她先后跳槽过几家公司，最后成了中国一家基建公司长驻北美的贸易代表，还嫁给了一个二代华裔。

表姐的成功让小沫妈妈非常羡慕，使得小沫几乎是伴随着妈妈对表姐的夸奖声长大的。从小的潜移默化，让小沫也觉得自己要像表姐一样，所以，在高考填报志愿的时候，小沫想也没想就为自己填报了某个小语种，为此，本来可以上 211 大学的她只上了省内的一所重点大学。然而，小沫实在是没有语言天赋，她本人的兴趣点也不在与人沟通上。大学毕业后，小沫拿着自己的毕业证和专业证书进入人才市场，才发现自己对于找工作这件事真的是一点也提不起兴趣来，而且招聘企业似乎也意识到小沫的问题，很多企业在一面的时候就将小沫淘汰了。

在屡屡受挫之后，小沫选择了一家很小的外贸公司，心里想着骑驴找马，然而进入这家外贸公司之后，小沫发现她对于翻译这一项本职工作很难提起兴趣，却对外国客商的访厂接待非常得心应手，她总是能以最快的速度感知对方的情绪，总能帮企业在第一时间发现客商对于产品的疑虑，也总是能够预判出客商们可能在谈判中作为博弈的筹码。

就这样半年下来，领导发现了小沫的这一特殊才能，于是，果断提拔她作为接待代表，主要负责外国客商的接待、访厂和回访，而小沫也终于找到了自己的兴趣点，终于能够在适合的岗位发光发热了。

不管你相信也好，不相信也罢，有些人是真的很努力，但他们却没有我们想象中那样取得成功。就像有的人很喜欢画画，但是父母却逼着他去

学奥数、学写作。虽然她每天都起早贪黑，不停地做题写作，不停地用心学习，但最后还是成绩平平。

如果方向错了，你的努力就不值钱了。一个女性，无论家境如何、样貌如何，只要把自己放在了正确的位置，就会发现原来自己也可以很出众。

有一句被奉为至理名言的话让人实在是不敢苟同，这句话是：是金子，到哪里都会发光。这句话是没错，但金子被放到展示柜里，人们能看到它的光芒，但如果被埋在煤堆下，人们还能看到它发出的光芒吗？

我们见过多少长着一张超模的脸却埋身于家庭琐事中的主妇呢？我们见过多少歌声优美却只能在同事聚餐时一展歌喉的姑娘呢？上天给了你某种天赋，但现实却往往让你被埋没。所以选对了自己的方向，才能让自己的努力更加值钱。

是去小企业当鸡头，还是去大企业做凤尾？是留在小县城找个铁饭碗，还是到大城市里去碰运气？是继续留在单位里上班，还是辞职去考个研究生？

这些问题存在于很多人的脑海里，因为我们一生中会遇到各种各样的选择。选对了方向，我们就能让自己事半功倍，大放异彩，我们能学到更多的东西，也能获得更高的名望与财富。反之，如果我们选错了方向，可能会付出别人两倍的辛苦，还得不到应有的回报。我们会发现自己比谁都用心，却比谁都难熬出头。因为我们走错了方向，所以你的努力不值钱。那么我们要怎样选对自己的方向呢？

挖掘并发现自身的天赋

是人就有天赋，只是大家的天赋点不一样。我们最需要做的就是在成长过程中，及时发现自己的天赋，朝着天赋点努力，这样才会事半功倍。

如果不知道自己的天赋在哪里，我们就不知道努力的重点放在哪里，即便终日忙碌也不过是瞎忙。天赋就像杠杆，只需要很小的力便能取得很大的效果。

发现命中的贵人

这个贵人可以是偶遇到的人，也可以是我们的良师益友，但一定是能够帮我们解答关于成长的问题的。我们了解自己的天赋，也朝着天赋努力了，但我们仍然不知道自己的努力到底有何作用，这时候，我们会遇到一个人，他了解你想要知道的事情，可以帮助我们转变思维，让我们打开视野，找到实践自己天赋的道路，而这个人就是我们的贵人。

俗话说“学贵得师，亦贵得友”，学习时能获得良师的指点是件弥足珍贵的事，人生能交到真心相待的朋友亦是件弥足珍贵的事。我们在成功的路上遇到的每一件事、每一个人，都会或多或少地影响我们的结果。所以，我们要经常想想——我们的贵人是谁？

怎样将天赋转变为职业

天赋经过培养会成为才能，而让才能变现的则是职业。一个色彩感很好的人，进入绘画领域、摄影领域都算是将天赋转变为了职业。对于职业，我们要有前瞻性的判断，判断能让天赋变现的职业有哪些，哪些是朝阳产业，哪些是夕阳产业。

歌德用了半辈子的时间学绘画，但是他真的没有绘画天分，于是不断碰壁，即便他再怎么努力，都没能赶上那些既有天分又努力的画家。于是歌德及时调整了自己人生的目标，转向文学，并在文学的道路上越走越远。孙中山和鲁迅有个共同点，他们年轻时都想通过学医来拯救国人，最后，二人都发现，治躯体之疾病并不能救整个社会，于是孙中山转身投入革命，鲁迅则走上了文学道路，两人都做出了一番让世人歌颂的成就。

我们把太多的时间花在了不值钱的努力上，就像在沙滩上寻找金矿一样，我们耗费了无数心血，也只能挖出一锹又一锹的沙土。因此，不要在错误的地方浪费你全部的精力，要想到达成功的终点，就必须走在正确的路上。

通向成功的道路有千万条，但不是每条路都适合你。走在人生路中，我们要时不时对比一下心中的地图，看看自己是否已经偏离了轨迹。如果走错了路，就要及时做出调整。你现在的境况，都是你当初选择的结果。一步错步步错，你做了什么样的选择，就会度过什么样的人生。

你曾考虑过家务劳动由谁来承担吗

小潘原来是一名职场精英女性，性格雷厉风行，在所有人都认为她会成为下一任经理的时候，小潘却陷入了一段恋情，对方叫阿琛，是一名风度翩翩的年轻画家，两人很快陷入了爱河，不到一年的时间便结婚了，婚后两人甜蜜了一段时间，小潘也在这一期间怀了孕，同时决定辞去职务，专心在家带孩子。本以为一家三口可以一直这样幸福地生活下去，可没想到变故很快就发生了，孩子两岁的时候，阿琛就职的画廊突然倒闭了，阿琛只能转做线上授课，但收入却大不如前，仅仅只够偿还每月的房贷、车贷。为了贴补家用，小潘只能重新回到职场工作。

可让小潘不理解的是，即便现在自己也出去工作，依然也要承担所有家务，阿琛拒绝做家务，理由是自己从小就没做过，小潘心里无比委屈，自己明明辛苦了一天，为什么回家后还要做家务？夜间，窝在被子里的小潘越想越委屈，流了一夜的眼泪，她想不明白，难道自己现在重新工作了，让居家的阿琛来做家务有错吗？

家务，指的是一个家庭中的日常生活事务，不只是简单的洗衣做饭刷碗，还有许多的采买、修补等事务，这些事务虽然简单，却非常琐碎，非常消耗人的精力。就像小潘一样，作为一名职业女性，本就要面对繁重的工作，下班后还要收拾家务，自己的个人时间、个人空间几乎全部被占满，崩溃是在所难免的。

小潘的情况也是当代职业女性面对的共同问题，即家庭的家务应当怎样分配？事实上，虽然这一问题非常显著，且普遍发生，但依旧没有一个合理且有效的解决办法，部分家庭的做法是对家务进行切割，由男方、女方各自负责不同的部分，部分家庭是由男方全部负责，但更多的情况依旧是由女性全部负责。而这些由女性负责全部家务的理由也非常牵强，只是因为家里的丈夫“从小就不会做”“工作也忙”，在这种家庭中，很少有职业女性是心甘情愿包揽下全部的家务，更多的是对家庭情况的“妥协”，不想和丈夫起争执，也不想看到丈夫因为不会做菜而浪费食材等。实际上这种情况是伴侣不尊重自己的表现。

夫妻双方从某一种角度讲是作为共同体存在的，双方的绑定关系是持续一生的。为了维持双方关系的和谐，双方势必要在生活习惯上做出一些改变。改变的内容包括学习一些之前没有学习过的事物，自然也包括家务在内。如果你的伴侣将你被动包揽的家务看成是理所当然，那么你就应该为自己争取一些权益了，不然，日后的家务将永远属于你。

那么，该如何划分家务的归属呢？

细致分类，明确归属

家务的分类其实可以分为三个方面，一是比较琐碎的洗涤、打扫以及做饭，二是采买一类的集中性事务，三是较为特殊的、对于家中用品的修理。将家中的所有事务进行明确划分，按照各自擅长的方向来规划，例如如果女性朋友下班的路上有许多超市、五金商店等，女性朋友便可以承担下采买等集中性事务，由男性负责家中琐碎的部分。虽然从客观角度而言，这样分类的做法有些“不通人情”，可对于职业女性而言，保持“善解人意”的代价，便是要割舍掉自己大部分的个人空间以及个人时间，这对于职业女性而言是不公平的，所以从个人需求的角度出发，我们不妨做一次“不通人情”的人，让自己挣脱道德绑架的束缚，也是女性觉醒的一种表现。

共同处理，互相成全

家务虽然烦琐，但却并不是洪水猛兽，我们不妨换一种角度去看待家务，对于一些较为烦琐的事务，我们可以购置一些机器来代替我们完成，例如洗碗机、扫地机器人等。而对于烹饪等必须亲手操作完成的，不如将其当作一次小小的约会，双方可以用灶台作为舞台，展现自身的想法，也不失为一种生活的乐趣。

拒绝“传统家庭模式”

在现代环境下，不少家庭依旧信奉着“男主外，女主内”的逻辑模式，许多人更是把家务理所应当地划分为“女人的事”。这种思路在当今的社会模式下并不是完全正确的，女性在当下社会中承担的工作职责与男性是几乎等同的，但对于家庭的付出却是更多的，许多的有形或“无形”的付出，将女性与家庭紧紧捆绑在一起。例如生产后的哺乳工作，是必须女性去完成的，所以在这种情况下，尤其是生产后的女性重新回到职场工作时，男性应当承担更多的家庭工作，帮助重返职场的女性更好地适应职场工作，帮助女性减轻一部分生产工作的负担。并且在这一过程中，女性朋友们可以通过鼓励的方式，逐渐培养伴侣对于家务工作的主动性，在伴侣进行家务工作后进行主动的夸赞，例如“老公收拾得好细致”“就知道老公理解我的辛苦”等，在这些夸赞下，伴侣的主动性将会得到明显的提升，这不仅有助于提升家务工作的质量与效率，同时也有助于维护家庭生活的和谐。

将问题变成游戏

首先我们要明确一个观点，即家务并不是我们必须面对的困难，而是我们生活的一个组成部分，它可以是困难，也可以充满趣味，重点在于我们如何看待它。在不涉及原则问题的情况下，我们不妨尝试在家务处理的时候添加一部分游戏，例如吃饭后进行猜拳，或者掷骰子等游戏，来决定今天的家务工作由谁来完成。或者是在我们处理家务的过程中添加打分机制，获取足够的分数后，其中一人可决定下次家务由谁负责等。以开放的态度迎接家中的大小事务。生活需要我们用心“经营”，转变观念去灵活看待事物，不仅是“经营”的一部分，同样也是我们觉醒的一部分。能够良好掌控自己的生活节奏，也是我们觉醒的一个关键点。

对于职业女性而言，家务是必须面对的一个难题，家务的存在不仅代表着我们要牺牲自身的休息时间，更会加重我们的疲劳感，增加我们的体力和精神损耗。但我们不要将其太过重视，或者以放纵的心态将其完全推到伴侣的身上，应该冷静规划家务的归属，客观对待家务的划分，感性地去对待如何履行家务。做到觉醒的女性，可以良好且灵活地转变自身的思想与观点，以一种娱乐的方式去对待家务，轻松地化解这一问题带给自己的影响，同时能够做到多角度看待家务这一问题。

你想如何实现自我价值

萝丝女士是一名职业经理人，就职于C市的一家商超企业，她的能力很强，在当地的职业经理圈子中也非常有名。经她管理的几家企业，无一例外全都实现了价值提升，其中一家企业的年收入甚至翻了足足三倍之多，这也让许多猎头紧紧盯着萝丝女士，希望能将萝丝女士请到自家的公司中。但面对这些人的邀请与聘用，萝丝女士全都一一拒绝了，她并不是因为他们给予的条件不够，而是她不想在C市这个三线小城市继续发展下去了，她的目标是A市，一个一线大城市。

很快，萝丝女士入职了A市的一家物流企业。本以为自己可以就此大展拳脚，却不想，很快她就发现了大城市与小城市的不同工作逻辑，这让一直在小城市就职的萝丝女士完全没办法应付。不出意外地，她的工作在一个月之后出现了不可挽回的错误，她也因此被辞退了。

当意识到自己在A市无法胜任职业经理人的职位后，她不禁有些崩溃，最终心灰意冷地回到了老家，她不停地反问自己，难道自己想要证明自身价值的方式错了吗？

寻求自我价值，实现自我价值，是根植在我们每一个人心中的美好理想。从科学角度而言，这一点可以通过美国心理学家亚伯拉罕·马斯洛所提出的“马洛斯需求层次理论”来解释，人类的需求分为五个不同的层次，从低到高依次是生理需求、安全需求、社交需求、尊重需求以及自我实现需求。而寻求自我价值，正是这些需求层次中最高的一点，即自我实现需求，通过实现自己的潜能和追求个人目标来获得满足感。就像萝丝女士一样，她的能力与实力被业内的人士广泛认可，这也让她意识到了可以前往更大的城市，也就是 A 市，只可惜最后遭遇了失败，但她的思路确实是正确的，那么到底是什么原因导致了她的失败呢？

最重要的问题是萝丝女士对于自己没有清晰的认知，正确认识自我，是女性觉醒路上的一堂必修课。萝丝女士在 C 市的成绩是大家有目共睹的，也正是这份成功让萝丝女士过分相信自己，她认为自己的能力即便来到大城市 A 市也绝对能得到承认，但她没有对市场进行预先的测估，也没有认识到自身能力是否与之匹配，贸然进入工作，这是导致她失败的直接原因。

那么我们该如何实现自我价值呢？

专心发展自身的职业能力

在工作中，我们不光要设置一个长远的目标，还要保持脚踏实地的工作态度。每个人的时间和精力都是有限的，将更多的时间和精力放在本职工作中，提升自身的工作能力，远比学习许多其他方面的知识更加重要。同时连续关注某一个领域，连贯的学习可以让学习达到事半功倍的效果。那些成功人士也同样如此，他们的知识面或许很广，但他们在某一个知识领域的造诣一定很深。

建立生活的“信标”

实现自我价值的基础，是从自己心中得到一个明确的答案，即我想成为一个什么样的人？这个答案一定要非常细致，细致到从事的行业，以及自身所从事的岗位，不要马虎地对待这份选择，因为这份选择关乎你未来的整体发展。同时我们也要注意，这份职业的选择也要兼顾市场的风向与自己的兴趣导向，比如你擅长计划工作，同时也看好某些互联网公司，你便可以选择从事互联网公司的市场运营，未来的发展方向可以暂定为互联网公司的产品经理。如果询问自己后，只能得到一个“我想成为成功人士”的答案，那么只能说明你的准备并不充分，还需要进一步地明确自身目标，做好准备。

学会自我反省

在我们发展自我价值、实现自我价值的过程中，大概率会遇到一些让我们无法前进，或拖慢我们进步的事件，对于这些事件，我们要认真反省，认真对待，从头开始对于这些事件进行复盘，分析问题的成因、失败的原因，并针对其中的各项问题加以改正，摆正我们面对问题的态度，养成持续提升自己的习惯，做好随时面对问题的准备。

理解“责任”的概念

在实现自我的过程中，承担责任也是一种非常必要的品质，我们不仅需要学会承担责任，更要培养出一种“责任意识”。我们每个人都离不开责任的约束，责任不仅让我们尽职尽责做到自己该做的事情，更是让我们时刻保持积极的状态。如果我们在日常生活中表现出过强的“目的性”，如努力工作只是为了获取领导的信任，更快地实现升职加薪；为贫困儿童或困难家庭捐款，只是为了营造出具有爱心的“人设”……如果这一过程中出现任何的困难、阻碍，或者是来自其他方面的诱惑时，这些人就会轻言放弃，或者不停地抱怨，对于责任进行推卸，这便是没有责任意识产生的消极影响。主动承担责任，培养“责任意识”便可避免被这些消极态度影响，且可以更好地塑造我们的工作态度，更好地实现自身的价值。

发展自己的自我价值，是我们实现觉醒的重要部分之一，有目的地强大自己，有方向地训练自己的专业能力，你一定会成为你想成为的样子。

第四章

相信

你可以成为你想要成为的样子

清醒通透：做人做事要有边界感

“如果当时不管小初的闲事，自己是不是还能跟她做好朋友？”

嘉嘉时常这样想。

嘉嘉和小初是高中同学，也是曾经最好的朋友。大学四年，两人虽然见面较少，但一直频繁联系。大学毕业后，两人都回到了家乡，彼此更加亲密。

小初是个没什么主见的女孩，大到换工作、谈恋爱、结婚，小到每顿饭吃什么，她都要问嘉嘉。嘉嘉倒是知无不言、言无不尽，每次都帮小初出谋划策。

两人关系发生转变，是因为一个叫子午的男生。子午是小初的同事，经常甜言蜜语，人不怎么靠谱。子午跟其他女生暧昧聊天被小初发现后，小初十分痛苦，求助嘉嘉。嘉嘉跟小初一起痛斥渣男，在嘉嘉的劝说下，小初也跟子午分了手。可没过多久，小初就又跟子午在一起了。两人分分合合，最后嘉嘉却成了那个“挑拨离间的坏人”。

如果能再给嘉嘉一次机会，她绝对不会插手小初的私事。

在现代社会中，越来越多的女性决定过一种清醒通透的生活，她们不再为取悦他人而活，而是为实现自我价值和内心的满足而奋斗。她们懂得在纷繁复杂的社会中，坚持自己的原则和信念，不随波逐流，不被外界的评价和期待所左右。她们也明白，只有“沉浸式做自己”，才能在生活中找到真正的幸福和满足。

“沉浸式做自己”指的是一种生活态度，即女性选择以一种完全投入和专注的方式去体验和实践自我。这意味着她们在日常生活中，不再仅仅为了迎合他人的期望或社会的标准而活，而是全身心地投入实现个人价值和追求内心满足的过程中，展现出一种清醒通透的生活智慧。

嘉嘉跟小初之间的关系越来越淡，并不是主要因为子午，而是因为小初遇事拎不清，且嘉嘉干预朋友的事情过多。小初没有主见，这是不独立、不自信的表现，而嘉嘉忍不住帮小初出谋划策，则是不够清醒通透的表现。可见，女性只有通过不断地自我反省和成长，才能逐渐变得更加独立、自信和坚强。这也让她们能够从容应对生活中的各种挑战，摆脱外界的束缚，活出真正的自我。

当女性能够以一种更加自主和自觉的姿态去构建人际关系时，就代表她们已经学会了独立思考和判断。她们不再盲目接受他人的意见，也不再随意插手他人的事情，而是根据自己的价值观和需求，做出最适合自己的选择。这种态度不仅让女性在日常生活中更加自在和真实，也让她们能够更加自信和有力地表达自己的声音。这种觉醒不仅是一种自我保护，更是一种对生活的积极态度。

要做到清醒通透，沉浸式地做自己，需要从以下几个方面入手。

别人的闲事，不必插手

我们常常会被他人的生活琐事所困扰，总忍不住插手他人的事务。然而，每个人都有自己的人生轨迹和解决问题的方式，如果随意插手他人的事务，不仅可能导致误会，还可能让自己陷入无谓的纠纷中。

真正清醒的女性，懂得尊重他人的边界，不把自己的精力浪费在他人的事务上，而是专注于自己的生活和事业。学会对别人的事情说“不”，这是一种自我保护的方式，也是让自己专注于自我成长的关键。

别人的评价，无须理会

每个人都有自己的看法和评价，我们无法左右他人的言论，但可以选择不受其影响。别人的评价往往带有主观色彩，并不代表我们的真实价值。女性要学会从内心寻找自信，知道自己的优点和不足，不因他人的赞美而骄傲，也不因他人的批评而自卑。

清醒通透的女性，懂得用理性的态度看待他人的评价，不让外界的声音干扰自己内心的宁静。保持自己的节奏，坚定自己的步伐，才能在风雨中依然从容自若。

别人的情绪，不受影响

在日常生活中，我们难免会遇到情绪化的人，他们的情绪波动可能会影响我们的心情。一个真正清醒通透的女性，懂得将他人的情绪与自己的情绪区分开来。她们能够保持冷静，不轻易被他人的情绪左右。通过积极的心理暗示和自我调节，可以在面对负面情绪时依然保持内心的平和。这样的女性，不仅能够更好地应对生活中的挑战，还能够在他人需要时提供支持和帮助。

别人的节奏，不必跟随

每个人都有自己的生活节奏和目标，不必因为他人的想法而迷失自己的方向。清醒通透的女性知道自己想要什么，并且坚定地朝着自己的目标前进。她们不随波逐流，不被社会的标准所束缚，而是按照自己的节奏，过着自己想要的生活。她们明白，真正的幸福来自内心的满足，而不是外界的认可。只有坚持自我，才能在纷繁复杂的社会中找到属于自己的那片净土。

女性的清醒通透是一种对生命的深刻理解，以及对自我的高度认知，她们不跟随别人的节奏，反而活出自己的精彩。这种清醒通透让女性更加独立和自信，也能让她们在生活中找到真正的快乐和满足。

深入探索并接纳自己

沉浸式做自己意味着深入探索并接纳自己的内在价值观、兴趣、情感和能力。对于女性而言，这有助于打破外界强加的角色定位和刻板印象，建立起基于自我认知的身份认同。在这一过程中，女性能够更加清晰地认识到自己的价值，从而自信地表达自己的需求和愿望。

当女性能够沉浸在自己的热爱和追求中时，她们更有可能实现个人潜能的最大化，这种自我实现的过程不仅带来了成就感，还增强了女性的自信心和自尊心，使她们在面对挑战时更加坚韧不拔。这种个体的觉醒和行动汇聚成一股强大的力量，推动社会结构和文化观念向更加包容和平等的方向发展，从而创造出更加公正的环境。可见，“沉浸式做自己”在示范效应与激励他人方面也有着至关重要的作用。

愿更多的女性能够觉醒，清醒通透地做自己，活出属于自己的精彩人生。只有这样，女性朋友们才能真正实现自我，享受每一个充满意义的时刻，在人生的舞台上展现出独一无二的光彩。因为每一位女性，都值得拥有这种自由与幸福。

保持生活的秩序感

司司步入三十岁后，突然觉得自己好像比二十九岁时衰老了很多。曾经跟舍友半夜吃泡面都不胖的她，现在仿佛喝口凉水都要长肉。

司司工作时经常久坐，而且时常要加班。每天早上，看着镜子里顶着俩黑眼圈、肚子上还有“游泳圈”的自己，就感到难过。可是，结束一天工作后，司司根本不想运动，只想痛痛快快地吃喝一顿，再窝在沙发上一直玩到后半夜。她也知道，这是不自律的表现，但忙碌一天，不吃吃喝喝、放纵熬夜，司司总觉得“对不起”自己。就这样，司司陷入了焦虑的怪圈中。

随着时代的进步，社会赋予女性的角色越来越多元化，女性不但可以在家庭中扮演重要的角色，还可以在职场上拼搏，但是在紧张的工作、生活节奏中，常常容易被各种琐事所牵绊，陷入混乱与无序之中。建立起生活的秩序感，不仅是对自己的一种责任，更是对家人和社会的一种贡献。我们若能够管理好自己的生活，就能以更好的状态去影响和帮助他人，带动身边的人一起进步。

司司每天都在镜子和体重秤前痛苦不已，可一转头，却还是照样吃吃喝喝，这就是典型的没有建立好生活的秩序感。要知道，建立生活秩序感对女性来说是非常重要的一件事，它不但可以帮助女性提高生活质量，还能为女性带来持久的幸福感和成就感。因为生活秩序感是一种内在的力量，它能帮助每一位女性在忙碌的日常生活中找到方向，并保持一种专注和积极的态度。

那么，女性究竟该如何建立起生活的秩序感呢？

设立规则，从身边的小事做起

我们天生就会追求一种有序的状态，有序的状态不仅可以让我们的生活处于稳定与可控之中，还会减少我们心中的模糊与随机性，减少心中的不安感。当我们感受到身边“无序感”逐渐滋生的时候，可以通过从小处建立规则，来找回心中的稳定与掌控感。

进行物品收纳整理。当我们感觉焦虑、无助的时候，不妨暂时冷静下来，整理一下房间，将物品进行分类摆放，将暂时不用的过往文件进行收纳。通过整理身边的物品，找回心中的掌控感。

养成规律的运动习惯。规律的运动不仅能增强体质，还能释放压力、调节情绪。我们可以根据自己的兴趣和体能状况，选择适合的运动项目，并制订合理的运动计划。每周进行 3~4 次中等强度的运动，不仅能提高心肺功能，还能促进新陈代谢，帮助我们保持良好的身体状态和积极的心态。

保证作息时间。对作息时间进行合理安排，制订一份时间表，按时作息，每天保证七小时以上的睡眠时间，尽可能在规定的时间做规定的事情，例如在床上不做与睡眠无关的事情，不在休息时间考虑工作内容，并运用一些放松技巧，如想象放松、有节奏的呼吸等，使我们保持良好的状态。坚持规律的作息，从自律的方面塑造掌控感，也是重建秩序感的一个重要参照物。

找到工作、家庭和自我成长之间的平衡点。女性需要在工作、家庭和自我成长之间找到平衡点，制订一个切实可行的时间表，合理安排每天的活动，不仅能够提高工作效率，还能确保我们有足够的时间来放松和充电。这样的生活方式让我们更加从容不迫，面对挑战时也能游刃有余。在这个过程中，女性往往能够发现更多的自我价值。

如果认为以上的行为都比较难以完成，我们可以将这些事情分解开来，以最小行动作为我们的目标，把重点放在迈出第一步上。例如整理房间太难，那便先丢掉手里的纸巾，将手边的杯子放在杯托上；认为休息中不考虑其他事情太难，那就先放下手机，闭上眼睛好好休息。让自己尽快动起来，建立一种规则感、掌控感。从第一步的最小行动开始，逐渐完成整个任务的所有内容，很快我们就会找回一种对于人生的掌控感。

学会变通，勇敢地面对无序感

世界著名作家、思想家斯宾塞·约翰逊曾在寓言故事《谁动了我的奶酪？》中说过“唯一不变的是变化本身”。这不仅说明我们的人生充满了变数，也同样意味着我们对于未来变化的担心是没有必要的。在复杂纷繁的社会中，想要做到积极适应变化，做好所有的准备是不容易的，甚至是不可能的。变化就是生活的一部分，而面对变化也是我们管理生活的一项重要技能。无论是参加工作，用一种强大的“有序感”来冲散自身的迷惘，直面内心的“无序感”，还是整理自己的思路，以顺应变化的方式来化解“无序感”的存在，都是一种明智的选择。但无论选择如何去做，学会变通都是最为重要的方式之一，按事情的重要性进行分类，如必须立刻完成的重要事情、相对重要的事情，并不紧迫的事情。然后有效地整理自身的时间，保持弹性的工作态度，告诉自己：“不要着急完成，不要害怕调整目标。”保持这样的工作态度，我们将很快找回对于生活的掌控感，从根源上解决无序感的出现。

当我们不再被琐事困扰，能够在有序的环境中找到内心的平静时，我们便能有条不紊地应对生活中的各种问题和挑战，成为更好的自己。

心理学家说，俄罗斯方块之所以能够成为风靡全世界的游戏，就是因为它能够给人带来秩序感，让人时时能得到“遵守规则、获得奖赏”的心理愉悦感。

每个觉醒的女性都想让生活“为我掌控”，然而生活中又总是充满着各种偶然和意外，我们所要做的就是保持自我，做内心强大、行为有序的女人，用有序的态度去面对复杂的未来，如此，我们便能够活出从容的自己。

内核稳定的你更强大

金女士一直以来都是“爆竹性格”，一点就炸。她的生活仿佛总是处于无序和混乱之中，很容易被别人的情绪、话语所影响。这样的性格不仅让她自己苦不堪言，也让她的父母和闺蜜感到无奈。

曾几何时，金女士的生活就像一团乱麻。她无法控制自己的情绪，经常因为一些小事而大发雷霆。比如有一次，公司新来了一位同事，这位新同事经常向金女士大吐苦水，每天不是老公欺负她就是婆婆欺负她，听得金女士一肚子火气。当新同事请她帮忙“撑场子”，去找她老公讨回公道时，金女士一口就答应下来。结果，让金女士没想到的是，新同事全程都只在哭泣，让她一个外人去跟她老公对质。后来，新同事甚至帮着她老公说话，夫妻俩一起跟金女士吵了起来。

经过这次事件，金女士终于意识到，自己的生活之所以如此混乱，很大程度上是因为她无法管理好自己的情绪。她决定从自身的问题出发，开始一场觉醒改变之旅，让自己的内核变得更加稳定，不再容易受其他人的影响。

在当今这个快节奏且充满不确定性的时代，个人的内核稳定显得尤为重要。内核稳定不仅能帮助女性在面对生活和工作的挑战时保持冷静和理智，还能让女性得以在变化中找到自己的方向，并坚定地走向目标。可以说，稳定的内核是内在力量的源泉，它不仅决定了女性的行为和选择，更影响着女性的人生轨迹。

金女士因为内核不够稳定，容易被他人影响，继而做出错误的判断。如果她拥有稳定的内核，就会识别并远离那些对她生活造成不良影响的人。

那么，女性应当如何修炼自己的内核，让其日趋稳定呢？不妨从以下几个方面开始修炼。

不谈负面情绪，只描述事实

在面对问题和挑战时，很多人容易陷入负面情绪中，而这种情绪往往会放大问题的严重性。内核稳定的人，不会被负面情绪所左右，而是学会客观地描述事实。通过只描述事实，而不夹杂情绪，我们可以更冷静地分析问题，找到解决方案。这样不仅能提高解决问题的效率，还能保持内心的平静和理智。

描述事实而非情绪，有助于我们更好地理解问题的本质，让我们在与他人沟通时更加清晰和有效。事实是客观的，而情绪是主观的。我们学会用事实说话，就能够避免因情绪化表达而引发的误解和冲突，从而更好地解决问题，达成共识。

做了选择，就要勇于承担后果

每个人在生活中都会面临各种选择，而一旦做出选择，就要学会承担后果。内核稳定的人，懂得对自己的选择负责，不会逃避责任或把责任推卸给他人。无论结果是好是坏，都是自己成长的一部分。通过承担责任，我们可以从中吸取经验和教训，不断成长和进步。

承担后果是一种成熟的表现，体现了我们的责任感和承诺。每一次选择都是我们对未来的一次投资，而每一次后果都是我们学习和成长的机会。当我们勇敢地面对和承担选择的后果时，我们也是在为未来积累更多的智慧和经验。

只解决问题，不做没有意义的担心

生活中总会有许多让人担心的事情，但很多担心其实是没有意义的，只会浪费我们的精力和时间。内核稳定的人，懂得专注于解决问题，而不是无谓地担心。通过把精力集中在解决问题上，我们可以更有效地应对挑战，提高生活和工作的效率。这样不仅能减少不必要的压力，还能让我们更有成就感。

担心是一种消极的心理状态，它往往会阻碍我们采取积极的行动。相反，当我们把注意力放在解决问题上时，就能够找到实际的解决方案，从而减轻压力，提升自信。问题解决了，担心自然也就消失了。

不要跟耽误事的人纠缠

在生活和工作中，我们难免会遇到一些拖拖拉拉、效率低下的人。与其浪费时间和精力与这些人纠缠，不如选择专注于自己的目标和任务。内核稳定的人，懂得远离那些耽误事的人，把注意力放在能推动自己进步的事情上。这样，我们可以更高效地利用时间，提升自己的能力。

远离耽误事的人，是对自己时间和精力的尊重。我们每个人的时间都是有限的，与其浪费在无谓的纠缠上，不如把这些时间用于提升自己，追求自己的目标。选择与积极向上的人交往，可以让我们受到正面的影响，变得更加高效和有成就感。

学会原谅自己，允许自己做错事

没有人是完美的，每个人都会犯错。内核稳定的人，懂得原谅自己，允许自己在成长的过程中犯错。通过正视错误并从中吸取教训，我们可以不断改进自己。原谅自己，是一种对自己的宽容和理解，也是一种成长的智慧。

原谅自己，意味着接受自己的不完美，理解每一个错误都是成长的一部分。每一次错误都是一次学习的机会，我们可以从中得到宝贵的经验和教训，变得更加成熟和睿智。学会原谅自己，是我们不断进步和成长的动力源泉。

精神内耗是对自己的一种消耗，它会让我们感到疲惫和无助。相反，当我们学会管理情绪，避免精神内耗，就能够保持充沛的精力和积极的心态，更好地面对生活中的各种挑战。

内核稳定是一种生活态度和智慧的体现。愿我们都能在内核稳定的道路上不断前行，迎接每一次挑战，克服每一个困难，最终收获属于自己的美好人生。

灵魂有趣的你更具魅力

叶子总是热衷于追逐时尚潮流，购买最新款的服装和配饰，精心打扮自己，以期在社交场合中成为焦点。她频繁出席各种派对，努力结交名流，渴望能够跻身他们的圈子，享受那种被认为是“成功”和“有面子”的生活。

然而，夜深人静的时候，叶子就会觉得空虚和疲惫。她发现自己虽然物质充盈，但是内心却并没有真正的满足感和幸福感。她开始晚睡，后来开始失眠，整个人精神状态也变得很差。

一天，叶子参加了一个朋友的生日派对，派对上有一个环节是让大家分享自己最近读的一本书。当轮到叶子时，她竟然发现自己没有什么书可以分享，因为她平时很少阅读，更多的时间花在了打扮和社交上。那一刻，她感到了前所未有的尴尬和自卑。回到家后，她立刻下单买了几本书，没想到，她竟然从阅读中发现了新大陆。

她开始放弃对外在浮华的盲目追求，转而专注于提升自己的内在。随着时间的推移，叶子的内在逐渐变得丰富而有趣。当她再次出现在社交场合时，她变得更有魅力和自信，也越来越受欢迎，她的存在像一股清新的风，让人感到舒适与放松。

叶子的经历，深刻展现了女性觉醒的过程。起初，叶子沉浸在对浮华生活的刻意追求中，过度关注自己的形象以及社交地位。她努力打扮自己，结交名流，渴望跻身所谓的“成功”圈子，这种行为背后隐藏着社会对女性角色的传统期待与压力，即女性应通过外在魅力与社会地位来获得认可。

可是，叶子的内心空虚与疲惫，却揭示了这种生活方式的内在局限性。基于一次偶然的契机，叶子开始反思这种浮华生活是否真的符合她的内心需求，是否真正带来了满足与幸福。这一反思过程正是女性觉醒的关键步骤——从外在的期待与束缚中解脱出来，转向对内在价值与真实需求的探索。

觉醒后的叶子专注于提升自己的内在，广泛阅读、学习新技能，并用心理解他人。她的灵魂变得有趣且深刻，吸引了更多人的真正关注与喜爱。

有趣的灵魂能让女性在追求自我实现的道路上不断闪耀光芒。无论是面对工作中的挑战，还是生活中的琐事，拥有有趣灵魂的人总能从中找到独特的解决之道，让生活变得更加精彩和充实。

下面我们就一起来看看，女性如何做才能让灵魂变得有趣，让本人更具魅力吧。

突破自己，努力提升

女性要想拥有有趣的灵魂，首先需要不断地突破自己，努力提升自我。无论是在职业生涯还是在个人生活中，持续学习和成长都是让自己变得更有趣的重要途径。通过学习新知识、新技能，我们可以不断拓宽自己的视野，丰富自己的内心世界。

突破自己，不仅仅是学习书本上的知识，还包括培养各种兴趣爱好。学习一门新的语言，掌握一项新的技能，参加各种培训和讲座，都是提升自己的好方法。每一次突破和提升，都会让我们的生活变得更加丰富多彩，也会让我们的视角更加开阔。这样，我们在与人交流时，才能展现出深度和趣味。

读万卷书，行万里路

通过阅读，女性可以接触到不同的思想和文化，了解世界的多样性和复杂性，从而增长知识，提升我们的思维能力和表达能力，使我们在交流中更具魅力。

旅行不仅可以让我们亲身体验不同的风土人情，还能让我们在不同的文化背景中获得新的灵感。每一次旅行，都是一次心灵的洗礼和成长。通过与不同地方的人接触，我们可以学习到更多的生活智慧和处世之道，这些都会让我们的灵魂变得更加丰富和有趣。

学会发现生活中有趣的人和事

生活中的每一天都充满了无数的细节和趣味，只要我们用心去观察。学会发现生活中的有趣之处，便是让自己变得有趣的重要技能。无论是日常的琐事，还是工作中的小插曲，都可能蕴含着独特的趣味。

我们可以通过摄影、写作、绘画等方式，记录下生活中的点滴趣事，培养自己的观察力和感受力。同时定期进行自我反思和总结，学会用幽默的视角看待生活中的各种事情，也能让我们更好地发现生活中的乐趣。

所谓“物以类聚，人以群分”，多跟有趣的人接触，也可以让我们在潜移默化中变得更加有趣。有趣的人，通常具有丰富的知识、广泛的兴趣和独特的视角。与他们交流和互动，我们可以学到许多新的东西，拓宽自己的视野和思维方式。

加入一些兴趣小组或社交俱乐部，参加各种文化活动和沙龙，都是结识有趣之人的好机会。通过与这些人建立联系和友谊，我们可以不断激发自己的潜力，提升自己的魅力。在这种良性的互动中，我们会变得更加开朗、自信和有趣。

灵魂有趣是一种内在的魅力和力量。通过不断突破自己，努力提升，开阔眼界，读万卷书，行万里路，学会发现生活中有趣的事情，并多跟有趣的人接触，女性可以让自己的灵魂变得更加丰富多彩。一个有趣的灵魂，不仅能让自己的人生充满乐趣和意义，还能在与他人的互动中散发出独特的魅力。

有趣的灵魂，不仅是生活的点缀，更是人生的底色。它能够让我们在忙碌的生活中找到一片宁静，在困惑中找到一束光明。有趣的人生，不仅让我们自己感到幸福和满足，还能感染周围的人，带给他们快乐和希望。

持续学习的你更有安全感

露西女士对学习并不十分热衷，她认为生活就是享受当下，不必太过拘泥于书本知识。因此，在大学毕业后的几年里，她更多地沉浸在自己的小世界中，享受着生活带来的各种乐趣。谁知，随着时间的推移，她逐渐发现自己在职场上的竞争力越来越弱，很多新的机会和挑战都因为知识储备不足而错失。她开始意识到，不持续学习，真的会让自己吃亏。

一次，露西女士参加了一个行业研讨会，她发现那些在职场上熠熠生辉的人都有一个共同特点，那就是他们都在不断地学习，提升自己的专业素养和技能。这个发现如同一道闪电划破了她心中的迷雾，让她猛然觉醒。她决定，自己也要成为那样的人，通过学习来改变自己的命运。

从那以后，露西女士开始把大量的时间和精力投入学习中。她报名参加了各种培训课程，阅读了大量的专业书籍，甚至还在工作之余攻读了汉语言文学的硕士学位。她的努力没有白费，她的知识储备和技能水平都得到了显著的提升。

几年过去，露西女士已经不再是那个在职场上默默无闻的小透明了。她凭借着自己的才华和努力，成功地登上了事业的高峰。她的故事也在行业内传为佳话，她成了大家羡慕的对象。

露西女士的经历充分展示了女性可以通过自我觉醒来改变自己的命运。起初，露西女士对生活持有享受当下的态度，对学习并不十分热衷。可随着时间的推移，露西女士逐渐发现自己在职场上的竞争力减弱，错失了许多新的机会和挑战。这让她开始意识到，不持续学习会让自己吃亏。这种吃亏不仅是职业上的，更是自我成长的缺失。

露西女士的觉醒发生在她参加行业研讨会之后。她发现那些在职场上熠熠生辉的人都在不断学习、提升自己的专业素养和技能。这个发现激发了她的内在动力，让她意识到自己也应该成为那样的人。这种觉醒是女性自我意识和自我价值的体现，她不再满足于传统的角色期待，而是开始追求自我成长。

觉醒后的露西女士开始把大量的时间和精力投入学习中。她通过参加培训课程、阅读专业书籍、攻读硕士学位等方式，不断提升自己的知识储备和技能水平。她的努力不仅让她在职场上取得了成功，更让她在自我成长和实现的道路上迈出了坚实的一步。

从露西女士的经历可以看出，觉醒是一个长期的过程，需要女性不断地自我反思、自我提升和自我实现，而自我学习就显得尤为重要。

通过持续学习，女性可以实现自我提升，增强专业能力和知识储备，提高内在素质和心理韧性，能够在家庭和社会中发挥更大的作用。她们可以成为孩子的榜样、丈夫的支持者、朋友的倾听者，也能成为职场中的佼佼者。

可以说，在这个不断变化的时代，持续学习是女性应对各种挑战，保持从容和自信的底气。

持续学习，才能有更清晰的认知

在信息爆炸的时代，各种知识和观点层出不穷，如何在纷繁复杂的信息中做出正确的判断，是每个人都需要面对的挑战。对于女性而言，持续学习可以帮助我们不断更新和完善自己的知识体系，从而拥有更清晰的认知。

通过不断学习，我们可以更好地理解世界，辨别真伪，避免被误导。无论是专业知识还是生活常识，持续学习都能让我们更加明智和理性。清晰的认知使我们在面对选择和决策时更加自信，从而提升内在的安全感。

女性通过学习，不仅能够为家庭提供更有力的支持，还能在职场中做出更为精准和专业的判断。

持续学习，才能增长见闻

见多识广的人往往更容易在社交场合中应对自如，他们的谈吐中充满了智慧和见识。持续学习，是增长见闻、提升表达能力的重要途径。通过阅读、旅行等各种学习活动，我们可以接触到不同的文化、观点和思想，从而丰富自己的见闻。

见闻广博的女性，在与人交流时总能引经据典、谈笑风生，这种从容和自信源于她们对知识的掌握和理解。在各种场合中都能够出口成章，赢得他人的尊重和认可，展现出女性非凡的魅力。

持续学习，才能腹有诗书气自华

知识的积累不仅能提升我们的认知和见闻，还能塑造我们的气质。古人云："腹有诗书气自华。"持续学习的女性，总能在言谈举止中展现出一种独特的气质，这种气质源自内在的修养和智慧。

通过学习文学、历史、哲学等人文知识，我们可以提升自己的文化素养和审美情趣，使我们更具魅力，让我们在面对生活的种种挑战时，保持内心的宁静和从容。从而让女性在职场中脱颖而出，在家庭生活中成为家人的榜样。

持续学习，才能持续保持竞争力

当今，技术和知识更新的速度前所未有，只有持续学习，才能让我们跟上时代的步伐，保持竞争力。不论在哪个领域，知识的更新和技能的提升都是必不可少的。

通过持续学习，女性可以提升自己的专业能力和综合素质，在职场和生活中立于不败之地，拥有更强的安全感。

持续学习也是我们在现代社会中保持安全感的关键。在这个不断变化的世界中，学习是我们应对挑战、追求进步的最佳武器。

觉醒后的女性，总会不断提升自己，收获属于自己的安全感和幸福感，发现更广阔的世界，拥抱更优秀的自己。

不断向上的你更有底气

大家都说，千千无论面对何种挑战，总是显得底气十足，就连老板亲自交代的重要任务，她也能轻松应对，游刃有余。当公司的后辈好奇地询问她为何如此“全能”，似乎总能把所有事情都处理得井井有条时，千千只是微笑着回答：“因为我一直在准备。”这句话既是千千的座右铭，也是她行动的真实写照。

然而，回望初入职场的时光，千千其实和大多数人一样，抱着“摸鱼”“摆烂”的心态。有一次，她无意间得知与自己一同入职、经常一起“摆烂”的同事被公司开除了。这位同事离开后不但求职屡屡碰壁，而且被车贷、房贷压得喘不过气，巨大的压力让她两个月就暴瘦了二十斤。这个消息像一枚炸弹，在千千的心中炸开了。她开始意识到，自己之前的“摆烂”态度不仅是对工作的不负责，更是对自己未来的不负责。她不想像那位同事一样，因为一时的安逸而付出惨痛的代价。

这次事件成了千千觉醒的催化剂。她开始重新审视自己的工作态度和生活方式，决定不再继续沉沦下去。她意识到，只有不断学习和提升自己的能力，才能在竞争激烈的职场中站稳脚跟，避免重蹈覆辙。于是，千千开始制订详细的学习计划，利用业余时间充电，提升自己的专业素养和技能水平。她也开始更加积极地参与团队的工作，主动承担责任，展现自己的价值和能力。

随着时间的推移，千千的努力得到了回报。她不仅在工作中取得了显著的成绩，还获得了领导和同事们的认可和赞赏，晋升为中层管理人员。更重要的是，她找到了自己的职业方向和目标，对未来充满了信心和期待。

职场并非安逸之地，竞争与挑战无处不在。同事的遭遇让千千意识到，女性无论身处何种环境，都不能放弃对自我成长的追求，要时刻保持警醒，不断提升自己的能力和价值，于是，她从“摸鱼”“摆烂”到努力充实自己、武装自己，最终从一名职场小白晋升成为一名中层管理人员。

追求向上是一种内在的驱动力，它能激励女性在觉醒道路上不断突破自己的极限，并且超越自我。正在觉醒中，或者已经觉醒的女性，都清楚这一点。而且她们也清楚，要想在充满竞争和挑战的环境中保持底气，实现自我价值，给自己带来内心的满足感和成就感，在面对各种不确定性时能够自信而从容地应对，就必须具备坚韧不拔的精神和积极进取的态度，不断向上，不断追求更高的目标和更广阔的发展空间。

那么，女性应当如何做才能不断向上，让自己更有底气呢？

锻炼身体，拥有健康的体魄

健康的体魄是女性向上发展的基础。一个健康的身体，不仅能让我们更好地应对生活和工作的压力，还能提升我们的精神状态和自信心，让我们更有精力面对挑战，提升整体的生活质量。

健康的体魄需要保持健康的体重和良好的体能状态，可以通过规律的运动和合理的饮食达成。每周至少进行三次有氧运动，如跑步、游泳或瑜伽，这些运动可以增强心肺功能，改善身体素质。同时，注意均衡饮食，摄入足够的营养，避免暴饮暴食和不健康的饮食习惯。

通过坚持运动和保持健康的饮食方式，我们不仅能拥有更好的体型，还能提升自己的心理素质和抗压能力。

向上社交，远离负能量

社交圈对一个人的成长和发展有着深远的影响，向上社交，选择积极的社交圈，是我们不断向上发展的重要保障。积极向上的社交圈，可以让我们不断受到正能量的激励和鼓舞，可以不断拓宽视野，获得更多的资源和信息以及更多的发展机会，同时，在遇到困难时，也能获得更多的支持、鼓励和帮助，让我们在追求目标的道路上更加坚定和自信。

选择那些能够激励我们、帮助我们成长的人作为朋友和伙伴，与积极向上、充满正能量的人交往，都属于向上社交。当然，想要保持向上社交，选择积极的社交圈，就需要远离负能量的人。负能量的人往往会带来消极的情绪和态度，影响我们的心情和状态。

向下扎根，努力拼搏才能向上生长

不断向上需要仰望星空，也需要脚踏实地。要想在事业和生活中获得更大的成就，我们必须付出比常人更多的努力。向下扎根，意味着我们要在自己的领域中不断积累经验，提升技能，夯实基础。

只有在努力拼搏中，我们才能获得真正的成长和进步。无论是面对工作中的挑战，还是生活中的困难，我们都应该保持坚韧不拔的精神，勇往直前。通过不断地努力和奋斗，我们才能在事业和生活中不断向上，获得更多的成就感和满足感。

努力拼搏，是女性向上发展的必经之路。通过不断积累经验和提升技能，我们可以在自己的领域中建立起坚实的基础，从而在竞争中脱颖而出。拼搏不仅是为了眼前的成就，更是为了长远的发展和更高的目标。

第五章

回归

在关系中保持独立

有分寸感是舒适关系的前提

丽莎女士一直觉得自己乐于助人、热情开朗，喜欢分享自己的想法和感受，应该很受大家欢迎。可不久之后，她却发现自己在亲友中间并不受欢迎。为此，丽莎女士感到十分苦恼：问题究竟出在哪里呢？

一天，丽莎女士去姑姑家串亲，她拎着礼品刚到门口，就听到姑姑一家在议论自己“我那个侄女丽莎，成天就知道显摆自己，不是显摆工作，就是显摆嫁了个好老公。”姑父附和道：“谁说不是呢，就是想把咱家囡囡比下去呗。”两个人你一言，我一语，聊得热火朝天。丽莎女士站在门口进也不是，走也不是，委屈地掉下眼泪。

每个人都有自己的生活，每个人都有自己的圈子，每个人都有自己的喜好。虽说人类是社会性群居动物，但每个人都有自己私密的一面，也都有自己的舒适圈。想要让自己永远保持舒适的状态，那就要守住自己的边界，不逾矩，如此才能把握好分寸感，不因为别人的事难过，也给别人留一个好的印象。

丽莎女士其实大可不必为了姑姑姑父的话难过，因为姑姑一家人的看法并不会影响她的生活。如果她真如姑姑一家所说，是个喜欢炫耀的人，那就可以酌情考虑要不要改改自己的做事方式；如果她并非像姑姑姑父所想，这一切都是一场误会，那她就更不必伤心了。要知道，每个人都有自己的生活，都有自己的圈子，即便是亲友，也没有必要融入。

在生活中，女性经常强调独立自主，但在这个过程中，分寸感的重要性却常常被忽视。分寸感不仅是自我保护的一种方式，更是维系健康人际关系的基础。女性要学会设立和维护自己的边界，这样才能确保在追求梦想和实现自我价值的过程中，不被侵害、不被压迫。

那么，什么是分寸感呢？分寸感其实是一种对自我空间和他人空间的认知和尊重，涉及个人在心理、情感和身体上的界限。分寸感意味着能够明确自己的需求和限制，不因外界压力而轻易妥协。在生活上，分寸感能帮助女性区分人与人之间的界限，让女性避免因为情感和经济的过度投入，而忽略个人的感受。此外，在家庭中，分寸感还能让女性在关爱家人的同时，不至于失去自我。

其实，丽萨女士若想把控界限，只需要牢记以下三点即可。

对亲友，也要做到“亲疏有别”

对于关系不那么好的亲友来说，你的一些稀松平常的行为往往也意味着炫耀。为什么这么说呢？因为人与人之间都有一条界线，当彼此不了解时，你就无法确定你与对方的界限到底在哪里。如果贸然行动，就会给对方带来困扰，也会影响两个人日后的交往。而所谓分寸，便是对彼此界限的把握。亲疏有度，悠然交往，这才是一段令人舒服的关系的正确打开方式。

女性要把握合适的相处距离，即便是与亲友相处，也要做到亲密有间。联系紧密，却彼此给对方留下一方精神“净土”；分享生活，却给足对方个人的空间。这种既尊重又互利的模式，才会让女性更加自如、自洽、自在。

不随便窥探别人的隐私，也不对别人暴露太多隐私

尊重他人的隐私是建立良好人际关系的基础。不要试图了解同事或朋友的私人生活，除非他们愿意分享。同样地，也不要过多地透露自己的私事，这不仅会让别人感到不自在，也可能会给自己带来困扰。

毕竟，每个人都有自己的思维方式和生活习惯。在与人交流时，应尊重对方的观点，不要试图改变他人。倾听是比发表意见更重要的沟通技巧。此外，幽默可以拉近人与人之间的距离，但是开玩笑一定要把握好尺度。了解对方的底线和敏感点，避免让玩笑变成伤害。

另外，即便是亲友，我们也不要随便宣泄情感，这样会让对方感到压力和负担。所以，学会自我调节情绪，要知道情绪也是有边界的。

明确自己的边界在哪里，并且努力捍卫它

我们必须深入反思并明确自己需要在哪些方面设立界限，这包括但不限于隐私、个人时间、物理空间、情感需求以及价值观等。比如，我们可能希望在工作日晚上有属于自己的时间，或者不愿意分享某些私密的个人经历，这些都是我们的边界。接下来，我们要以清晰、直接的方式，向他人表达这些界限，比如“我不喜欢别人拿我家猫开玩笑”“我需要一些独处的时间来放松”等，这样直接的话反而更不容易伤害到别人。

在处理边界冲突时，我们要保持冷静和坚定，保持一个开放和尊重的态度。我们可以先倾听对方的观点和感受，试着理解他们的立场，通过寻求共同点，找到双方都能接受的解决方案。如果对方不愿意尊重我们的边界，我们就需要坚定地表达自己的立场，或者直接减少与对方的接触。毕竟，边界不是用来限制关系的，而是用来确保双方都能在这段关系中得到尊重和满足的。

当然，设立和维护边界并不是一件容易的事情。它需要我们具备足够的自我认知和自我价值感，也需要我们在实践中不断学习和成长。但正是这样的过程，让我们更加坚定地走在自我实现的道路上，不断发现自己的潜力和可能性。

女性觉醒的过程是一个不断探索和成长的过程。在这个过程中，边界感是我们不可或缺的伙伴。它帮助我们保护自己、维护健康的人际关系，并推动我们勇敢地追求独立自主的生活。愿每一位女性都能在这个旅程中发现自己的力量，过上充实且有意义的生活。

长久的爱在于尊重，不在于控制

小米和小 D 是一对恋爱五年的情侣。小米漂亮开朗，小 D 则有些内向。小米的朋友都说，长相普通的小 D 是高攀小米了，可小米就是觉得小 D 好。

小米很黏小 D，恨不得每天都跟小 D 在一起。可小 D 是程序员，一直在做软件开发，“996”几乎是他的工作常态。渐渐地，小米开始对小 D 不满，总觉得小 D 会借口加班，做出对不起自己的事。小米的朋友纷纷打趣她想得太多了，可小米就是觉得小 D 很“抢手”，恨不得时时刻刻盯着他才放心，这让小 D 十分苦恼。

这天，小 D 又要加班，小米越想越觉得蹊跷，便给小 D 拨去电话。可响了两声后，小 D 竟然挂掉了电话，再拨过去，小 D 的电话已经关机了，这让小米觉得更加可疑。她找到了小 D 公司的电话，让前台去叫小 D。没想到，那天小 D 正在开很重要的会，小米这么一闹，公司领导直接黑了脸，小 D 也终于下定决心跟小米分手。

有人说，女性一旦陷入情网，她眼前那个男人即便再普通，似乎也会变得高大英俊起来。他不是电影里的翩翩公子，也不是才华横溢的男士，更称不上什么帅气多金，但他一旦走进女性的心里，那其他男子就算再优秀，女性也会自动屏蔽。

可是，对女性来说，爱情的本质并不只有两厢厮守，两情缱绻，它也包含着成长、变化甚至是分离。

小米漂亮开朗，小 D 踏实肯干，二人原本可以将感情经营得很好。可小米的控制欲太强，这种控制成了小 D 的掣肘，让他感到压抑和不满。这种控制和被控制的关系不仅破坏了彼此的信任，更抹杀了爱的本质。长久的爱应是互相成就，而不是彼此限制。小米的控制让小 D 感到窒息，而小 D 的消极反应更让小米不安，正是这种恶性循环，最终导致了双方关系的破裂。

在现代社会中，女性的觉醒不仅是对自身价值的认知，也包括对亲密关系中权利平衡的重新审视。爱是人类最美好的情感之一，但在很多旧观念中，爱却意味着占有和控制。不少女性认为，要想在亲密关系中占据主导地位，那就要“驯服”自己的伴侣，以此来维持关系的稳定。然而，控制带来的不是幸福，而是压抑和不安。

控制的本质，其实是对自身不安全感的投射。这种行为不但会压抑被控制者的自由，也会扼杀一段感情中本应为控制者带来的喜悦和成长。

那么，成就彼此的爱，究竟该建立在怎样的基础上呢？这个问题的答案很简单，那就是一定要建立在尊重、理解和支持的基础上。这种爱是不试图改变对方，而是欣赏对方的独特性，并鼓励对方去追求个人的梦想。在这样的爱情中，双方是独立的个体，但却又紧密相连、共同成长。女性在这样的关系中，能够更加自信地追求自己的目标，而非被束缚在家庭和婚姻的传统角色中。

尊重是成就彼此的爱的基础

小米最大的问题，是她虽然爱对方，但没有做到尊重对方。

每个人都有自己的梦想和追求，女性不应该为了迎合伴侣而放弃自我。相反，她们应该学会尊重自己，也尊重伴侣的独立性。只有在尊重的基础上，爱才能真正长久。在尊重这个版块里，理解和包容是成就彼此的重要环节。在亲密关系中，难免会有冲突和分歧。女性觉醒意味着不再被动地接受一切，而是积极地与伴侣沟通，寻找解决问题的办法。在理解和包容中，双方的关系会更加稳固。

在一段感情中，尊重还包括支持对方的梦想。真正的爱，是希望对方过得更好。当伴侣在追求自己的梦想时，女性应当给予支持和鼓励，而不是质疑和阻碍。成就彼此的爱，是在对方成功时感到由衷的高兴，在对方失败时给予无条件的支持。

除此之外，尊重自我价值，也是让一段关系变得持久的重要部分。毕竟，女性觉醒不仅体现在亲密关系中，更体现在对自我价值的追求上。当女性不再被传统观念束缚，勇敢地追求自己的梦想和事业时，她们才会发现，自己不仅能成就自己，也能成就更好的亲密关系。

平等是长久关系的基石

在一段关系中，男强女弱和女强男弱都很难维持感情的长久。好的爱情，一定是势均力敌的，双方要在各方面平等，才能更好地获得充分的尊重、理解和支持。为此，女性要努力学会独立，独立意味着有能力处理自己的生活，不依赖于他人。独立会成就自信，自信是对自己价值的肯定，是建立长久爱情的基础。

这里的关系平等，主要是说女性要做到经济独立、情感平等和人格独立。

首先，经济独立是女性独立的重要组成部分。当女性在经济上独立时，她们不再需要依赖伴侣来满足基本的生活需求，从而能够在感情中保持平等的地位。这种独立，不仅增强了女性的自信心，也使她们在感情中更有话语权和选择权。

其次，情感平等意味着女性能够自主处理自己的情感需求和问题，不依赖于他人的支持和认可。这种平等关系能让女性在感情中更加理性和成熟，有助于建立健康和稳定的情感关系。

最后，人格独立是女性独立的最高层次。它意味着女性拥有独立的思想、价值观和生活方式，不受他人影响。人格独立的女性，能够在感情中保持自己的独特性和个性，与伴侣建立真正平等的关系。

在平等关系中，双方更容易进行有效地沟通和理解。他们能够站在对方的角度看问题，倾听对方的需求和感受。这种开放和坦诚的沟通，有助于解决矛盾和冲突，增强情感的稳定性和持久性。处于平等关系中的双方能够共同成长，相互支持。无论是在工作还是生活中，他们都能成为彼此的支持者和伙伴。

长久的爱在于成就彼此，而非控制对方。这种爱建立在尊重、理解和支持的基础上，双方能够共同成长，实现各自的梦想。

愿每一位女性都能经营好自己的爱情，拥抱更优秀的自己。

好的婚姻需要提供情绪价值

小优跟老公结婚七年，可是最近，小优却越来越觉得自己当初选错了人。

她是一个很喜欢浪漫的人，每个纪念日都会精心给老公准备礼物。老公第一次收到礼物时确实很开心，也很后悔没有给小优准备礼物，时间久了，老公对她的礼物只会淡淡说一句“挺好的”，而且从未用心给小优准备礼物，这令小优非常苦恼。小优觉得老公根本不在乎自己，也根本不关心自己。

这天，小优刷朋友圈的时候，无意间发现闺蜜晒出了她老公在结婚纪念日为她准备的惊喜和礼物，字里行间满满都是感动。小优更加伤心，等老公回来就跟他吵了一架。谁知，老公对小优也早有不满。

家里一直是老公在做家务、做饭、遛狗，小优理所应当地享受着这一切，却时常挑剔“地不干净”“碗没洗干净”“狗狗身上脏了”等，这些都让老公很不满。今天，小优又在他面前极力夸赞闺蜜老公，这让他更不满了。

婚姻大战，一触即发。

婚姻不仅是两个人的结合，更是两颗心灵的契合。要想维持一段美满和长久的婚姻，双方能否提供情绪价值至关重要。

情绪价值，是指在婚姻中双方通过情感上的支持、理解和共鸣，提升彼此的幸福感和满足感。这种价值不仅关乎日常的关心和照顾，更体现在深层次的情感联结和心理支持上。

在婚姻中，情绪价值的缺失会导致双方情感的疏远和关系的紧张。无论是日常的沟通，还是面对压力和困境时的互相扶持，情绪价值都扮演着至关重要的角色。提供情绪价值，能够增强双方的情感联结，促进婚姻关系的稳固和长久。

“好的婚姻，需要双方提供情绪价值”，这是现代婚姻关系的重要体现。小优希望老公带给她情绪价值，节假日给自己准备惊喜，老公则希望小优能分担一些家务，或者对自己做家务能够心怀感激。可见，在一段平等的婚姻关系中，女性需要情感支持和理解，同时，也需要为伴侣提供宝贵的情绪价值。

通过情绪价值的双向提供，夫妻双方能够建立起深厚的情感关系，促进婚姻的和谐与幸福。通过理解、共情、支持和开放的沟通，与伴侣共同面对生活中的挑战，共同创造更加美好和幸福的婚姻生活。女性觉醒不仅使女性更加注重自我价值的实现，也使她们在婚姻中展现出智慧和力量，成就更加美好的生活。

女性情绪价值的接收

传统观念往往将情绪价值的提供视为女性的责任，但在女性觉醒的背景下，情绪价值的提供应当是双向的。在平等的婚姻关系中，女性不仅需要提供情绪支持，也需要从伴侣那里获得同样的关怀和理解。

首先，沟通是提供情绪价值的基础。女性在婚姻中，应当学会主动表达自己的感受和需求，同时也要倾听伴侣的心声。有效的沟通，能够帮助双方更好地理解彼此的情感状态，减少误解和冲突。

其次，女性应当学会明确表达自己的情感需求。通过坦诚的沟通，让伴侣知道自己需要什么样的情感支持，从而更有效地接收到对方的情绪价值。

最后，接收到情绪价值后，女性应当给予伴侣充分的认可和感激。表达感谢不仅能让伴侣感受到自己的努力被认可，也能有效增强双方的幸福感和满足感。

情绪价值的提供，不是单方面的付出，而是共同成长的过程。女性应当鼓励和支持伴侣追求个人成长，同时也要不断提升自己，使得双方能够更好地理解和支持彼此，实现婚姻关系的和谐与稳定。

女性情绪价值的输出

理解和共情，是提供情绪价值的核心。在婚姻中，女性应当学会与伴侣共情，尝试站在伴侣的角度看问题，理解对方的情感和需求。

首先，女性要在另一半面对困难和压力时，通过细致的关怀、鼓励和陪伴等方式，给予伴侣情感上的支持和力量。无论是面对事业上的挑战，还是生活中的困境，女性都应当成为伴侣坚强的后盾，提供无条件的支持和关怀。

其次，当伴侣给予感动时，女性要及时给予肯定和赞美，比如“你今天处理这件事真的很棒”或“我为你感到骄傲”。

最后，在遇到家庭问题时要与伴侣共同讨论和决策，要充分考虑和尊重对方的意见和选择。在家庭事务上，双方要共同分担责任，如家务、育儿等，女性既不要大包大揽，也不要全部推给伴侣，这样才能保障双方的情绪价值。

情绪价值的输出是维持婚姻健康和幸福的重要因素。女性通过积极倾听、给予积极反馈、提供情感支持、创造温馨氛围、合作解决问题，以此为伴侣提供宝贵的情绪价值。这不仅有助于加强夫妻之间的情感联结，也有助于促进婚姻关系的稳固和持久。通过这些实操性的方法，女性能够在婚姻中实现更深层次的情感交流，创造更加美好和幸福的婚姻生活。

创造情绪价值时刻

在婚姻生活中，创造情绪价值是维系夫妻关系新鲜与活力的重要途径。比如，在结婚纪念日、生日等特殊日子里，为伴侣准备一份特别的礼物或安排一次浪漫的约会。这不仅需要我们的努力，也需要引导我们的另一半共同创造情绪价值。

除了特殊日子，我们也可以在日常生活中为伴侣准备一些小惊喜。比如，在伴侣工作疲惫时，为他准备一杯热茶；或是在伴侣不经意间，为他送上心仪已久的物品。这些小举动都能让伴侣感受到你的爱与关心。在伴侣为我们准备小惊喜时，我们一定要鼓励、强化这种行为，共同打造情绪价值时刻。

我们还可以尝试与伴侣一起做一些你们从未做过的事情，如共同去上一堂烹饪课程、一起去徒步旅行等。这些新的体验不仅能为你们带来新鲜感，还能增进你们之间的默契与亲密感。设置一个固定的时间来交流情绪也是个不错的选择。比如，我们可以每周选择一个晚上，与伴侣进行深入的情感交流。分享你们近期的感受、想法与期望，倾听对方的心声。这样的交流能让你们更加了解彼此，也能及时化解潜在的矛盾与误解。

当女性能够在婚姻中自由表达情感、得到充分的情感支持时，她们会发现自己的生活变得更加充实和有意义。她们将与伴侣携手共进，共同创造属于两人的美好未来。

女性觉醒是现代婚姻中的重要课题，通过提供和接收情绪价值，可以促进婚姻关系的稳固和长久，帮助女性实现更大的幸福和满足。

愿每一位女性都能在婚姻的旅程中觉醒成长，与伴侣共同书写爱的篇章。

会“相夫”，成为了不起的妻子

凯娅从小就被教导，好女人就是要懂得做丈夫的“贤内助”，毕竟每个成功男人的背后，都要有一个默默付出的女人。于是，凯娅结婚之后，竭尽全力地辅助老公，绝不让他操心半点。

为了让老公能吃上家常菜，凯娅每天早上五点就起来去菜市场买菜，六点半必须将所有饭菜做好，晚上回到家，凯娅立刻就去厨房准备晚饭。至于平时的家务，凯娅更是一点没让老公做过。人人都说，凯娅的老公找了一位贤内助，她老公也经常用贤惠两个词夸赞她，可时间长了，她老公却变得越来越忽视凯娅的付出。

这天，凯娅生理期不适，躺在床上休息，忘记把老公的衣服送去干洗，洗完的衣服也忘记晾起来，凯娅老公看到后十分不满，指责凯娅婚后变得越来越懒。凯娅十分伤心，跟他申辩了两句，谁知凯娅老公直接气哼哼地摔门而去。这时，凯娅才开始反省自己的婚姻——是不是从最开始，自己就做错了？

在现代社会中，女性觉醒不仅意味着个人独立和自我价值的实现，也体现在家庭关系的重塑上。传统观念中的“相夫”，常被解读为女性在婚姻中要牺牲自我，服务于丈夫和家庭。然而，随着女性觉醒的深入，“相夫”这一概念也在悄然发生改变。

觉醒后的女性应当通过更加主动、智慧和平等的方式去“相夫”，在一段关系中成就另一半，也成就一个更加了不起的自己，这才是现代婚姻中实现这种新的“相夫”之道。

凯娅事事顺从老公，结果却把老公“娇惯”得不成样子，老公不但不感恩凯娅的付出，甚至在凯娅身体不适时，也不能尽到身为人夫的责任，反而对凯娅冷嘲热讽、指手画脚。在这段婚姻中，凯娅并没有真正做到“相夫”，她只是把老公养成了巨婴，仅此而已。

在婚姻关系中，女性首先要意识到“支持”丈夫而非牺牲。良好的婚姻状态应当是互相支持，共同进步的，女性应当在家庭中发挥智慧和力量，与丈夫共同面对生活中的挑战和机遇，但却不应当以牺牲自我为前提。

在婚姻中，女性应当既是独立的个体，又是可以合作的伙伴，这就意味着女性应当保持独立的人格和经济自主，与丈夫共同建设美好的家庭生活。

支持丈夫，但不失自我

会“相夫”，就意味着要支持丈夫、成就丈夫的事业，但不能失去自我。在支持丈夫的同时，女性朋友们也不能忘记自我提升和学习，追求个人的兴趣爱好和职业发展，这样才能在追求个人目标的同时，也为家庭的幸福贡献力量。

培养丈夫处理矛盾的能力

矛盾和冲突是婚姻中的常态，关键在于如何处理。很多夫妻因为无法有效处理矛盾而导致关系恶化，甚至分开。一个能够有效处理矛盾的丈夫，不仅能化解家庭中的紧张氛围，还能在职场中如鱼得水。

一部分男人在处理矛盾时没有好的方法，往往会选择冷战或激烈争吵，这都不利于问题的解决。作为妻子，需要培养丈夫处理矛盾的能力，让夫妻在出现矛盾后能够有一个好的解决方式。比如，如果丈夫经常选择冷战，女性可以通过有效沟通来改变这一习惯，不要让丈夫猜测自己为什么生气，也不要带着情绪去谈判，而是要冷静地就事论事，提出自己的诉求和希望，通过交流解决问题。

给丈夫独立的成长空间

同时，会“相夫”也意味着要给丈夫留出足够的独立成长空间，支持但不过多干涉。妻子应相信丈夫有能力处理自己的事务，给予他足够的空间去尝试、学习和成长，即使这意味着有时他会犯错。在此过程中，妻子要表现出自己的关心，但避免过度控制或干涉，要学会在关键时刻提供建议，而非无时无刻地指导。

要鼓励丈夫尝试新事物或承担新责任。女性应当成为丈夫最坚实的后盾，并展现出对他的无限信任和支持。即使面对可能的失败或错误，也要坚定地站在他身旁，让他感受到有足够的安全感去勇敢尝试。同时，给予他充分的自主权，在家庭事务或个人发展中，让他能够自主思考并做出决定，从而培养他的独立性和自信心。

共同制订家庭及个人长期或短期目标

在这个过程中，女性朋友要尊重并倾听另一半的意见和选择，让他感受到自己的声音同样重要。共同规划不仅能确保双方对未来的方向有清晰的认识，还能加深彼此之间的默契和信任。同时，在日常生活中，通过遵守承诺、坦诚相待等小细节，不断培养和巩固这份信任，这样也能为丈夫的独立成长提供坚实的情感支持。

会“相夫”还意味着要给予丈夫家庭责任的引导。比如，要鼓励丈夫参与到家务、育儿等家庭事务中来，增强家庭的团队协作感，同时通过正面反馈和鼓励，增强丈夫参与家庭生活的积极性，让他感受到为家庭付出的价值和成就感。当然了，妻子也要以身作则，展现出对家庭的热爱和付出，用实际行动影响丈夫，让双方共同营造出一个温馨和谐的家庭环境。

在现代社会，夫妻关系不仅是家庭和谐的基石，更是个人幸福的重要来源。作为妻子，我们在生活中不仅要关注自身成长，也要关注丈夫的成长。通过培养丈夫的情商、正确的生活习惯、处理矛盾的方法以及生活中的原则，我们可以帮助他成为更优秀的人，同时也让我们的婚姻更加稳固和幸福。

愿每一位女性，都能通过智慧和努力，成就一个更美好的家庭。

会“教子”，成为了不起的妈妈

朱莉女士的儿子皮皮是一个活泼好动的小男孩，但他只喜欢玩耍，不喜欢学习，成绩一直都是中下游。朱莉女士没有打骂儿子，而是先观察了皮皮的学习习惯，她发现皮皮在学习时很容易分心，经常会被一些小事打断思路。于是，朱莉女士决定，先为皮皮创造一个安静的学习环境，确保他在学习时不会被外界干扰。

之后，朱莉女士又跟皮皮一起制订了详细的学习计划，并鼓励他按时完成作业。每当皮皮完成一项学习任务时，朱莉女士都会对皮皮给予积极的反馈和鼓励，让皮皮感受自己的进步和成就。此外，朱莉女士还很注重培养皮皮的兴趣和爱好，她自己戒掉了玩手机的习惯，并且将皮皮对游戏的兴趣成功转移到绘画和书法上来。

在朱莉女士的悉心引导下，皮皮逐渐变得更加自律、自信和开朗。他的学习成绩也有了显著的提升。更让朱莉女士欣喜的是，皮皮还养成了在逆境中保持乐观心态的习惯。看着越来越优秀的儿子，朱莉女士欣慰地笑了。

每个孩子都是从童年走向成年的，妈妈在这个过程中扮演着至关重要的角色。妈妈的形象和行为不仅直接影响孩子的成长，还决定了孩子未来的品格和价值观。因此，作为妈妈，我们必须时刻注意自己的言行，以身作则，为孩子树立良好的榜样。

要知道，孩子是最善于模仿的，他们会从父母的言行举止中学习。朱莉女士以身作则，言行一致，给皮皮树立了一个好榜样，这是让皮皮越来越优秀的一个重要原因。可见，如果我们希望孩子讲礼貌，我们就要在日常生活中以身作则；如果我们希望孩子勤奋学习，我们就要表现出对知识的热爱和对学习的坚持。毕竟，榜样的力量是无穷的，它能潜移默化地影响孩子的一生。

相比于观念较为单一的传统家庭教育，女性觉醒后对孩子的影响也是十分巨大的。传统家庭教育观念的妈妈主要关注孩子的学习成绩和未来职业发展，往往忽视孩子的兴趣和特长，但这却容易造成孩子对学习产生进一步的抵触情绪。而觉醒的女性教育观念更加多元化，往往注重孩子的全面发展，包括品德、情感、心理、社交等多个方面。

觉醒后的女性，会是孩子们最喜欢的那一类妈妈，因为她们更加注重与孩子的平等沟通和互动，尊重孩子的个性和权利，鼓励孩子探索多元领域。她们也更加注重科学的教育理念和方法，关注孩子的心理健康和情感需求，给孩子提供必要的心理支持和辅导。她们会通过陪伴、鼓励、引导等方式与孩子共同成长。她们不但关注孩子的学习成绩，还注重培养孩子的社交能力、创造力、批判性思维等综合素质，这些都能为孩子的未来奠定坚实的基础。

那么，妈妈们应该如何更科学、更全面地培养孩子呢？

鼓励孩子全面发展

作为妈妈，我们应当均衡关注孩子的各方面成长。也就是说，除了关注孩子的学习成绩外，我们也要关注他们的身心健康、社交能力、情感发展以及创造力等，同时鼓励孩子参与多样化的活动，如体育运动、艺术创作、音乐学习等，通过这些来培养他们的多元智能。

在培养自主学习能力方面，妈妈需要教会孩子如何自我学习，包括时间管理、目标设定和独立思考等技能。妈妈可以为孩子提供丰富的学习资源，也可以鼓励孩子根据自己的兴趣进行探索和学习，还可以跟孩子一起制订学习计划，帮助孩子循序渐进。

计划性是成功的关键之一，可以通过制订每日、每周的计划表，让孩子学会合理安排时间。在完成每项任务后，帮助孩子进行总结和反思，找到改进的方法。通过这种方式，孩子不仅能够提高效率，还能学会如何有效地管理自己的时间和任务。

允许孩子做自己

孩子的成绩是很多家长关注的焦点，但成绩并不能完全代表孩子的能力和未来。作为妈妈，我们应当理性看待孩子的成绩，关注他们的全面发展。面对孩子的成绩，要给予肯定和鼓励，而不是一味地批评和指责。与孩子沟通，了解他们的困难和需求，帮助他们找到合适的学习方法，才能真正提升他们的成绩和自信心。

此外，妈妈应该尊重孩子的个性和独特性，不强行将自己的期望和梦想强加给孩子。日常生活中，妈妈要鼓励孩子表达自己的意见和选择，即使这些选择与妈妈的期望不同。妈妈要帮助孩子建立积极的自我认知，让他们了解自己的优点和不足，并学会自我接纳和成长。比如，妈妈可以通过分享自己的经历和故事，引导孩子理解不同的人生选择和可能性。同时鼓励孩子思考并形成自己的价值观和人生目标，而不是盲目追随他人的脚步。

妈妈还要教会孩子认识和表达自己的情绪，让他们理解情绪是正常的，并学会管理情绪。妈妈要告诉孩子，每种情绪都有它们存在的意义，我们不要忍耐情绪，也不要因为一点情绪就崩溃，而是要接受情绪，学会正确地宣泄情绪，这样才能帮助孩子成为适应能力强的个体。

在现代社会中，育儿不仅仅是一个小家庭的责任，还是对社会的负责任。作为妈妈，我们在子女成长过程中扮演着重要的角色，也都希望自己的孩子能够健康成长，拥有美好的未来。然而，教育孩子不仅仅是传授知识，更要引导他们形成正确的价值观，培养他们良好的品格和生活习惯。要成为一名了不起的妈妈，不仅需要爱和耐心，更需要智慧和方法。

我们要通过树立榜样、给予关爱和支持、培养孩子的独立性和责任感、注重沟通和互动、培养孩子良好的学习习惯、鼓励孩子勇敢追梦等方式，来帮助孩子健康成长，走向美好的未来。只有这样，我们才能真正实现“教子”的目的。

愿每一位妈妈，都能成为孩子心目中那位了不起的妈妈。

原生家庭的伤可以在婚姻中疗愈

黎黎从小就在一个缺少爱的家庭里长大，父亲酗酒家暴，母亲也十分强势。有时候，两个人动手时会突然把正在做作业的黎黎拖出来指责，这让黎黎从小学起就学会了把自己锁在房间里，然后戴上耳机逃避这一切。

小升初，黎黎铆足了劲考到了市一中，就是为了可以住校逃脱原生家庭。可她自卑敏感，跟舍友处不好关系，大学毕业之前，她都没能交到一个朋友。毕业后，她留在了离家很远的城市工作，并在公司里认识了她现在的老公。黎黎择偶标准的第一条，就是要求另一半一定是个情绪稳定的人，而她的老公就是这样一个人。

恋爱期间，黎黎就对老公坦白了自己的原生家庭。黎黎的老公很体贴，他知道黎黎不愿回家，也害怕跟人打交道，于是，他在家里养了很多花，两个人还养了几只猫。逢年过节，他就带黎黎出去旅游。不知从什么时候起，黎黎变得开朗了。她很感谢在后半生能遇到这样的老公，能陪伴她一起治愈前半生的伤。

原生家庭的影响深远，尤其是那些在童年时期经历过情感创伤的人，往往会在成年后带着这些伤痕进入婚姻。虽然很多人认为“婚姻是爱情的坟墓”，但对于一部分女性来说，婚姻却是疗愈原生家庭创伤的契机。

黎黎不幸出生在一个给她带来无数创伤的家庭里，但她也是幸运的，遇到了情绪稳定的另一半，两个人又将婚姻经营得有声有色。

对女性来说，勇敢面对情感伤痛，以及对自我价值有一个正确的认知是非常重要的。因为原生家庭的创伤和影响，往往要到成年后才会通过各种方式表现出来。

原生家庭创伤对女性的影响

在原生家庭中受过创伤的女性，长大后一般有以下表现。

情感缺失与不安全感。许多女性在原生家庭中未能获得足够的情感支持，导致她们在成年后常常感到不安全和缺乏自信。这种不安全感可能表现在对伴侣的依赖、对关系的过度担忧以及对未来的不确定感上。

自我价值感低。在原生家庭中受到忽视或被贬低的女性，往往会在婚姻中表现出自我价值感低的问题。这种低自我价值感会影响她们的自我认同感和幸福感，使她们在婚姻中难以建立平等和谐的关系。

情感表达障碍。由于原生家庭中情感表达的不畅，许多女性在成年后难以正确表达自己的情感。这种障碍不仅影响她们与伴侣的沟通，也阻碍了她们的情感疗愈过程。

健康的婚姻可以疗愈原生家庭的创伤

尽管原生家庭的创伤往往影响深远，但是婚姻可以成为疗愈这些创伤的温床。在健康的婚姻关系中，觉醒后的女性可以逐步修复这些情感创伤，实现自我成长和幸福。

建立信任关系是婚姻中疗愈原生家庭创伤的基础。通过与伴侣建立深厚的信任关系，女性可以逐渐摆脱不安全感，学会依赖和信任他人。伴侣的支持和理解是修复情感创伤的重要力量，当女性感受到伴侣的坚定支持和深刻理解时，她们会更有勇气面对过去的伤痛，并逐渐学会放下防备，重新建立对他人的信任。

互相支持与理解也是婚姻中情感疗愈的关键。伴侣之间的倾听和共情可以帮助女性重新审视和理解自己过去的经历，逐步走出创伤的阴影。当女性感受到伴侣的关心和理解时，她们会感到被接纳和认可，这有助于增强她们的自信心和自我价值感。通过互相支持与理解，女性可以逐渐学会如何更好地与他人建立健康的关系，并在婚姻中获得更多的成长和满足感。

在健康的婚姻中，女性还可以学习和实践正确的情感表达方式。通过与伴侣的真诚沟通，她们可以逐渐克服情感表达的障碍，学会坦诚地面对和表达自己的感受。这不仅有助于情感疗愈，还能促进婚姻关系的稳固和谐。当女性学会如何正确地表达自己的情感时，她们可以更好地与伴侣进行沟通，避免误解和冲突的发生。同时，这也能够让伴侣更加了解她们的需求和期望，从而更好地支持她们。

在婚姻中实现情感疗愈

在婚姻中，女性不仅关注自己的情感疗愈，也致力于与伴侣共同建设和谐美满的家庭生活。通过自我成长，女性能够更好地支持和理解伴侣，共同面对生活中的挑战，实现婚姻的幸福和稳固。

要在婚姻中实现情感疗愈，女性可以采取以下具体策略：

第一，建立开放的沟通渠道。开放的沟通是情感疗愈的关键。女性应当勇敢地与伴侣分享自己的感受和经历，通过沟通建立深厚的情感联结。

第二，寻求专业的帮助。在面对严重的情感创伤时，寻求专业的心理咨询或治疗是必要的。通过专业的帮助，女性可以更好地理解和处理自己的情感创伤，实现深层次的疗愈。

第三，培养积极的生活态度。积极的生活态度，有助于情感疗愈和自我成长。女性可以通过培养兴趣爱好、参与社交活动以实现自我提升，增强自信心和幸福感，从而更好地应对和修复情感创伤。

在人生的长河中，原生家庭塑造了我们的性格，也可能因此留下一些难以言说的情感创伤。但对于许多女性而言，婚姻恰好是一个全新的起点，它能帮助女性疗愈旧伤、实现自我成长。

觉醒后的女性，想要在婚姻中疗愈原生家庭留下的创伤，需要不断地学习和成长，学会如何更好地与伴侣沟通、理解对方的需求以及共同面对生活中的挑战等。

愿每位女性都能在婚姻中通过建立信任关系、互相支持与理解，以及正确的情感表达克服情感创伤，迎来属于自己的幸福。

课题分离可以让家庭更和谐

瑞秋和丈夫婚后恩爱如初，但第五个年头，他们还是离婚了。

婚姻期间，瑞秋对丈夫照顾得无微不至：为他准备可口的饭菜，帮他烫熨每一件衬衫……丈夫下班回家，瑞秋便依偎在他身旁，跟他聊她一天的“见闻”，那一刻，瑞秋无比幸福。但长期居家、没有工作的瑞秋并没有安全感，她知道丈夫的优秀，所以，一旦下班时间丈夫没有回家，瑞秋就会不停地打电话，直到丈夫说清楚为什么没有及时回家。瑞秋也会随意翻看丈夫的手机，一旦发现丈夫与异性有过微信、短信信息往来，就要对丈夫进行一顿盘问……渐渐地，丈夫觉得窒息，他知道他们是相爱的，但是瑞秋的“疑神疑鬼”让他越来越崩溃，最终，丈夫提出了离婚的要求。

瑞秋不明白，自己和丈夫明明那么相爱，作为妻子做得又那么好，为什么丈夫还会抛弃自己？

先不说丈夫为什么会抛弃瑞秋，我们先来看一个概念：课题分离。

所谓课题，指的就是一件事情的选择和后果由谁承担。简单来说，如果某件事由你选择，且后果由你承担，那么这件事就是你的课题。而课题分离则是要分清楚哪些课题是属于自己的，哪些课题是属于别人的。

举个例子。

领导不喜欢你，这是领导的课题；你努力工作，这是你的课题。

向男孩子表白，这是你的课题；男孩子拒绝了你，这是男孩子的课题。

……

课题分离能够帮助我们内心变得强大，我们可以更好地处理与他人的关系，减少不必要的矛盾和痛苦，也可以帮助我们专注自己能力范围内的事，将自己的事情做好。

了解课题分离的概念后，我们再回过头来看看对丈夫照顾得无微不至的瑞秋为什么最终还会被离婚，很明显，瑞秋没有做好课题分离！瑞秋将自己的课题强加给了丈夫，让丈夫觉得窒息。所以，丈夫最终提出了分手。

爱他，是我自己的事，与他爱不爱我没有关系，这是每一位女性在情感中都该有的清醒。不仅是情感，在家庭中处理各种关系时也一样，我们需要做好课题分离。

课题分离在婚姻关系上很适用

婚姻是我们和爱人两个独立个体的结合。我们有自己的思想、情感和生活方式，这是我们的课题，我们要明确自己的课题，不依赖爱人满足我们的所有需求，而是保持自己的独立性和完整性。同时爱人也有其独立的课题，我们需要尊重爱人的独立性，不过度干涉他的决定和行为。

但婚姻又有其整体性，夫妻之间，很多事情需要共同承担，到底该是谁的课题，很难分离开来，由此很容易因为一些问题，让两人陷入无限的拉扯、纠结、内耗中，导致两人都很疲惫，感情也渐渐消耗殆尽。面对这种情况，我们在做课题分离时不妨关注事情的主导者。

一件事情，谁更在乎、更关心，谁付出更多，谁对事情更有见地，那么就由谁来主导，另一方辅助，或者干脆由主导者一方解决。举个例子，家里的电器坏了，都是丈夫修理，那么这件事情就由丈夫主导完成。作为妻子的我们不要在旁边指手画脚，对于完成的结果，如果我们自己没有更好的解决方案，那么即便不如意，也不要挑三拣四。

正因为婚姻的整体性，在婚姻中，我们想要做到课题分离并不容易，这就需要我们不断地调整思想、提升认知，果断、明确地做课题分离，以避免反复拖延、内耗，确保两人的整体性不会越来越差。

课题分离在亲子关系上也很适用

大家可能都听说过这样一句话："孩子因我而来，却不属于我。"如今，不管是独生子女家庭，还是多孩家庭，对孩子的抚养、教育，父母都极为重视。尤其是母亲，心疼孩子，想让孩子少走一些弯路，少经历一些坎坷，所以，就想让孩子的人生按照自己的规划进行。但孩子的人生路终究需要他们自己去走，对生命的体验、对成长的感悟，终究需要他们自己去经历。所以，这就需要我们每一位母亲保持清醒——孩子是孩子，我们是我们，在亲子关系上做好课题分离。

就拿孩子的作业来说，"不写作业母慈子孝，一写作业鸡飞狗跳"，我们中的很多人可能也因为辅导孩子作业崩溃，长期处于焦虑状态中，而孩子长期被责骂，也是满心的委屈。其实，此时只要我们做好课题分离，让孩子明白，写作业是他自己的课题，因为不写作业，被老师批评，或者不好好学习，将来考不上好的大学，没有更好的发展，这些后果都需要他自己承担，这个问题就简单了。

与孩子做课题分离，并不是我们对孩子放任不管，而是在了解孩子的基础上加以辅助、守护，引导他们面对学习、生活中的各种问题，并学会解决问题。还拿作业来说，首先让孩子清楚作业是他自己的课题，他需要承担不写作业的后果；其次要弄清楚孩子不写作业、磨蹭的原因，并提醒和引导孩子纠正、改变。

课题分离在婆媳关系间同样适用

在家庭中，我们除了妻子、母亲，还有儿媳妇这重身份。婆媳矛盾一直以来都是热门的话题，为避免婆媳争端，我们更应该重视课题分离。

首先从我们自身来说，我们毕竟不是婆婆的亲生女儿，所以，不要期待婆婆能像亲妈一样，将我们当作亲生女儿一样看待，我们给予婆婆该有的尊重就好。

其次，可以引导婆婆不插手我们的生活，让她幸福安度晚年。当然，想让婆婆不插手自己的生活，最好能让她相信我们可以独立照顾好自己的小家庭，有能力处理生活中遇到的各种问题。比如带孩子、做家务等，我们自己都能做好的话，婆婆也无从插手了。

在家庭中，无论面对哪种关系，第一步都要记得爱自己，为自己创造一个自由和谐的环境，成为自己生命的真正主人，勇敢地追求内心的平静，并通过课题分离，在亲密关系中找到平衡，从而实现家庭的和谐与个人的成长。